아이의 자존감

정지은, 김민태 지음
이영애 감수

아이의 자존감

스스로 성장, 행복, 성공하는 아이로 자라게 하는 양육의 기초

SIGONGSA

개정판 저자의 말

부모가 아이에게 줄 수 있는 최고의 선물, 자존감

> "왜 성적이 우수한 아이들도 삶에서 좌절하는 걸까?"
> "아이의 미래를 결정짓는 진짜 능력은 무엇일까?"
> "똑똑한 아이보다 행복한 아이가 되려면 무엇이 필요할까?"

다큐멘터리는 부모들이 갖는 일상적인 질문에서 기획되었다. 질문을 수없이 나열한 후에 우리는 '아이의 운명을 바꿀만한 힘을 한 가지 꼽는다면 무엇일까?'라는 데 이르렀다. 그리고 마침내 연구진과 제작진은 '자존감'을 핵심에 두기로 결정했다.

〈아이의 사생활〉과 《아이의 자존감》이 세상에 나오기 전까지 일상에서 거의 사용되지 않던 이 낯선 단어는 다큐멘터리 〈아이의 사생활〉 시리즈 이후 교육계를 뒤흔들었다. 그 해 연말이 되자 예능프로그램에서도 등장할 만큼 '자존감'이 널리 퍼졌다. 한

단어가 사회를 변화시키는 모습을 목격한 순간이었다.

자존감은 '사랑받는다'는 느낌과, '유능하다'는 느낌이라는 두 가지 심리적 축 위에 세워진다. 자존감이 높은 아이는 자신을 솔직하게 드러내며 타인과 깊은 관계를 맺을 수 있다. 반면 자존감이 낮은 아이는 불필요한 자존심만 세워 세상과의 소통을 스스로 단절하게 된다. 자존감이란 스스로를 가치 있는 존재로 느끼고 존중하는 마음이다. 그것은 타인과의 비교가 아니라 스스로 느끼는 주관적인 평가가 중요하다.

방송 이후 자녀 교육의 중심은 '영재 교육'에서 '자존감'으로 이동했다. 많은 부모들이 아이의 성과보다 내면의 가치와 잠재력에 집중하게 되었다고 말했다. 자신의 가치를 알고 능력을 믿고 노력하는 아이가 진정한 행복과 성공을 찾을 수 있다는 메시지가 널리 공감을 얻었다. "내 아이를 어떻게 키울 것인가?"라는 질문에 이제는 자신 있게 "자존감!"이라고 답할 수 있게 된 것이다.

사회가 원하는 인재상도 속도감 있게 달라지고 있다. 기업들의 채용 절차 안내를 보면 예전처럼 학업 성적만 좋은 사람이 아니라 창의성과 자기주도성을 갖춘 사람을 요구한다. 우리 사회는 그간 남에게 잘 보이기 위해 겉으로는 똑똑한 척하며 안으로는 쉬운 과제만 선택하는 사람들을 양산해오던 경향이 강했다. 그러나 점점 더 많은 기업에서 영어만 잘 하는 사람이 아닌 지식과 더불어 개방적 사고를 통해 새로운 것을 융합해낼 수 있는 인재를 원하고 있다.

미래를 내다보는 부모라면 아이가 다소 느리게 가더라도 유능하다는 느낌을 갖게끔 해주는 것이 중요하다. 이것은 외부 평가에 의한 유능감이 아닌 아이 스스로 과제를 선택하고 단계를 밟으며 '내가 해냈다'고 느끼는 작은 성공의 경험을 의미한다. 부모가 먼저 자존감을 공부하고 실천하려고 할 때 아이 역시 시나브로 따라 하게 될 것이다.

스탠포드 대학교의 심리학 석학인 캐롤 드웩 교수는 자존감을 관찰하기 위해서는 그 사람의 언어생활을 유심히 지켜보라고 조언한다. '완벽한', '똑똑한', '멍청한', '머리가 좋은', '원래'와 같은 어휘를 자주 쓰는 사람은 자존감이 높지 않을 확률이 높다고 한다. 자기 자신의 만족보다는 외부의 시선을 많이 의식하기 때문이다. 이런 관점에서 부모가 자녀에게 "백점 맞았구나", "진짜 똑똑하구나"와 같이 결과 중심적인 칭찬보다는 노력과 과정을 인정해주는 태도가 더 중요하다.

이 책의 개정판에서는 집필 과정에서 놓쳤던 전문가들의 중요한 조언, 아이들을 관찰하며 얻었던 값진 소회, 그리고 부모들과의 인터뷰를 통해 공유한 공감의 순간들을 시대에 맞게 추가하고 재편집했다.

아이의 자존감은 시대가 변해도 여전히 가치 있는 메시지로 남아 있다. 부모가 매일 매일 아이와 이야기해도 결코 아깝지 않을 주제다. 이따금 들려오는 우리 사회의 안타까운 소식들을 접하며 아이들이 어린 시절부터 튼튼한 자존감을 갖춘다면 얼마나 달라질지 더욱 절감한다.

자존감은 마음의 근육이다. 이 책이 부모들에게 자녀의 근력을 키우는 실질적이고 든든한 길잡이가 되기를 진심으로 바란다.

이 소중한 여정에 함께해준 모든 전문가와 독자 여러분께 깊은 감사를 전한다.

2025년 6월 어느 날,
EBS 다큐프라임 〈아이의 사생활〉 프로듀서
정지은, 김민태

추천의 글

아이의 마음을 들여다볼 때 희망이 있다

우리 주변을 살펴볼 때 아무리 어려운 일이 닥쳐도 이것을 잘 견뎌내고 오히려 성공으로 이끄는 사람이 있는가 하면, 모든 것을 다 가진 듯해도 항상 '힘들다' '어렵다'고 쉽게 포기해서 자신이 가진 능력을 다 발휘하지 못하고 사는 사람이 있습니다. 이러한 차이는 어디에서 생기는 것일까요? 만약 전자의 사람들을 성공하는 사람이라고 한다면, 사람을 성공으로 이끄는 힘은 무엇일까요?

우리는 이것을 바로 자존감이라고 합니다. 그동안 많은 심리학자들은 자존감이 '인간을 성공으로 이끄는 중요한 마음의 힘'이라고 정의한 바 있습니다. 자존감은 말 그대로 스스로를 존중하는 마음의 힘으로, 자신에 대한 스스로의 평가입니다. 이것은 보통 자기 가치감, 유능감, 자신에 대한 호감으로 나누어집니다.

자기 가치감이란, 주변에서 힘든 상황이 벌어지고 내가 실수해서 큰 망신을 당한다고 해서, 내가 무가치하고 형편없는 사람이 되는 것은 아니라는 자신에 대한 믿음입니다. 유능감이란 아무리 어려운 일이라도 이것을 해결할 수 있는 능력이 자신에게 있다는 문제 해결에 대한 믿음입니다. 자신에 대한 호감은 내가 지금 당장 이 일을 해내지 못하고 어려움을 겪고 있다고 해서 이런 내가 혐오스럽거나 실망스러워 낙심하는 것이 아니라, 그럼에도 불구하고 자기 자신을 마음에 들어하는 자신에 대한 깊은 신뢰감입니다.

자존감이 높은 아이들은 과제를 주었을 때, '나는 이것을 해낼 수 있는 능력이 있다. 하지만 이것을 못 해낸다고 해서 내가 무가치한 사람이 되는 것은 아니다. 만약 실패한다 해도 최선을 다해서 즐겁게 하는 자신이 나는 참 마음이 든다'고 믿게 됩니다. 이런 마음가짐이라면 행복하고 즐겁게 자신에게 주어진 일들을 해낼 수 있게 되겠지요.

반면 자존감이 낮은 사람은 눈 뜬 장님이 되어 자신이 아무리 많은 것을, 또한 멋진 것을 가지고 있다고 해도 자신을 비판하고 평가절하하면서 끊임없이 스스로를 못살게 굴게 됩니다. 이런 마음가짐이라면 될 일도 잘 안 될뿐더러 행복감과 즐거움을 누릴 수 없습니다.

이렇듯 자존감은 인생의 버팀목이고 나를 나답게 살 수 있도록 이끄는 힘입니다. 또한 자기비판을 넘어서 있는 그대로의 자기를 수용하도록 만드는 놀라운 마음의 힘입니다.

만약 내 아이를 정말 행복하고 즐겁게, 그리고 자신이 가진 능력을 충분히 발휘하면서 살아가는 아이로 키우고 싶다면 자존감에 주목해야 합니다. 자존감은 만 2세부터 7세까지의 부모의 양육 태도를 통해 형성되고 기초적인 뿌리가 만들어집니다. 이후 학교생활 및 또래 관계 속에서 조금씩 교정되는 것으로 알려져 있습니다.

혹시라도 부모들 중 자녀의 어린 시절에 적절히 반응해주지 못했다고 해서 절망하거나 포기하지 마시기 바랍니다. 인간은 끊임없이 변화하고 발전하는 존재입니다. 지금부터라도 아이의 마음을 잘 들여다보고 아이와 궁합을 맞춰나가는 노력을 기울인다면 황폐했던 자존감이라는 땅에 예쁜 꽃이 피게 될 것입니다.

이 책은 자녀의 자존감에 관심을 가지고 이를 쉽게 포기하지 않으면서 끊임없이 노력하려는 부모님들을 위해 만들어졌습니다. 자존감을 높이기 위해 부모가 어떤 역할을 해야 하는지, 자존감이 긍정적으로 형성되지 않았을 때 어떤 문제 행동이 발생할 수 있는지에 대해 자세히 알려드리고자 노력하였습니다. 또한 자존감이 잘 형성되어 현재 사회에서 빛을 발하고 있는 사람들의 사례를 통해 우리가 나아가야 할 방향에 대해 구체적으로 설명하고 있습니다. 이 책이 자존감에 대한 올바른 이해와 이를 기반으로 적절한 훈육이 이루어질 수 있도록 보탬이 되기를 기대합니다. 또한 이 땅의 부모와 아이들이 진정한 자신을 찾아서 더욱 행복하고 건강하게 살아가는 데 도움이 되기를 바랍니다.

_숙명여자대학교 심리치료대학원 놀이치료학과 교수 이영애

책을 시작하며

아이 운명을 바꾸는
결정적인 힘

2007년 이맘때였던 듯하다. 봄기운이 완연해지고 조금씩 더위가 시작될 무렵이었다. 우리는 인간과 그 내면에 대한 탐구를 성장기 아이들을 통해 들여다보자는 취지에서 5부작 다큐멘터리를 준비하고 있었다. **나는 누구인지, 남자와 여자는 어떻게 다른지, 그리고 우리가 갈망하는 성공의 비결은 어디에 있으며, 행복한 삶이란 과연 무엇인지, 그 해답을 심리학, 교육학, 정신분석학, 아동학, 의학 등 다각적인 측면에서 찾고자 했다.**

얼마 후 미국 버지니아텍 총기 난사 사건이 터졌다. 교내에서 무차별로 총기를 난사해 33명의 목숨을 빼앗은 사건. 그 가해자가 평범한 한인 가정의 청년이라는 사실에 우리 모두가 충격에 휩싸였다. 그는 미국으로 이민을 가 세탁소를 운영하며 두 자녀를 미국 주류사회에 진입시키고자 노력했던 부모와 뛰어난 능력을 가진 누나 밑에서 자신을 어떻게 표현할지 몰랐던 내성적인 성격의 청년이었다. 교육열만큼은 세계 최고였고, 자식을 위해서는 어떤 희생도 감내하는 한국 부모의 양육 방식은 이방인들 눈에 허점투성이로 비춰질 만했다. 그 청년 개인의 정서, 심리 상태 등은 그 부모와 양육 환경이 빚어낸 극단적인 결과물일지도 모른다고도 떠들었다. 하지만 같은 환경에서 자라난 그의 누나가 미국 사회의 엘리트로 살아가는 모습을 보며, 양육 환경과 한 인간의 성장 결과를 일치시킨다는 것은 매우 조심스러운 일인 듯 여겨졌다.

우리의 다큐멘터리 기획은 그만큼 힘들어졌다. 취재 기간만 1년, 4,200명 설문조사, 500명 아동과의 실험, 국내외 전문가 70여 명이 참여한 제작은 이렇게 시작되었다. 교육학과 아동학에서 설명하는 이론은 물론, 수많은 학자들이 "아이는 ~하다"라는 정의를 검증하기 위해, 국내 최고의 대학과 대규모 실험을 하고, 각 분야의 세계적인 권위자를 만나 인터뷰했다. 수십 년 동안 관찰과 실험연구를 거듭해온 그들의 이야기를 통해, 우리는 아이 성장의 비밀과 서서히 가까워졌다.

EBS 다큐프라임 〈아이의 사생활〉은 이렇게 탄생했고, 방송 후 폭발적인 반응을 확인했다. 인터넷 게시판에는 시청 후기와 댓글이 꼬리에 꼬리를 물었다. 아이의 두뇌 발달 과정을 모르는 채 무조건 주입식 조기 교육을 강요했던 부모의 고백, 발달 속도가 다른 아들과 딸을 같은 잣대로 평가하고 똑같은 양육 방식을 고집했던 에피소드, 1등을 위해 도덕성과 자존감은 한 켠에 제쳐두었던 날들을 되돌아보고 반성하는 글들로 넘쳐났다. 그중 무엇보다 주목할 만한 사실은 자아존중감, 자존감이 새로운 화두로 떠오른 것이었다.

이전까지 자녀 교육서와 육아서를 휩쓸던 내용은 단연 '영재'였다. 어떻게 하면 남들보다 똑똑한 아이로 키울 것인가 하는 주제가 부모들을 가장 현혹시켰다. 부모들은 세 살 전에 한글을 떼게 한 누군가의 교육법을 따라 하고, 다섯 살에 네이티브 스피커로 만든 어떤 엄마의 교육법을 따라 하는 데 급급했다. 아이가 자라서도 마찬가지였다. 어떤 학습법으로 공부해야 특목고에 갈 수 있을지, 명문대에 진학할 수 있을지가 가장 큰 숙제였다.

우리는 〈아이의 사생활〉을 제작하는 과정 중 수많은 실험과 이론을 맞닥뜨리면서 아이의 운명을 가르는 결정적 조건이 바로 자존감이라는 사실을 터득할 수 있었다. **자신의 소중한 가치를 알고 스스로의 능력을 믿고 노력하는 아이야말로 인생의 행복과 성공을 찾을 수 있는 사람이었다.** 이런 생각은 〈아이의 사생활〉을 방송으로, 책으로 접한 많은 부모들에게도 전달되었고 공감을 불러일으켰다. "어떻게 하면 내 아이를 제대로 키울 것인가?"라는 물음에 이제는 "자존감!"이라고 단언할 수 있게 된 것이다.

이미 서점가에는 자존감과 관련된 다양한 서적들이 출간되어 있다. 우리가 여기에 한 권을 더 보태는 이유는, **〈아이의 사생활〉을 통해 아직도 못다 한 말이 남아 있기 때문이다.** 시간이 부족해 아쉽게 편집했던 전문가의 말도, 1년 동안 다양한 특성의 아이들을 관찰하며 느꼈던 소회도, 평범한 부모들을 인터뷰하며 느꼈던 동질감도 그냥 묻어두기에는 아쉬움이 많이 남기 때문이다. 자존감이란, 부모가 곁에 앉아 매일매일 이야기해도 아깝지 않을 만큼 값어치가 있기 때문이다. 최근 수많은 청년들이 스스로 목숨을 끊어 우리를 안타깝게 하고 있다. 사회적으로나 개인적으로 내적 성찰이 절실한 시점이다.

현장에서 수많은 전문가를 만나고 자료 수집을 하며 아이의 발달 과정을 배우고, 이론을 터득하고, 현실을 경험했어도 자녀교육서를 쓰기에는 부족함이 많다. 끝으로 이 한 권의 책이 자녀교육서로서 제 역할을 할 수 있도록 든든한 지원군이 되어준 원광아동상담센터의 이영애 박사님, 출판사 편집부에게 감사의 인사를 전한다.

2011년 5월 어느 날,
EBS 다큐프라임 〈아이의 사생활〉 프로듀서
정지은, 김민태

차례

개정판 저자의 말 부모가 아이에게 줄 수 있는 최고의 선물, 자존감　4

추천의 글 아이의 마음을 들여다볼 때 희망이 있다　8

책을 시작하며 아이 운명을 바꾸는 결정적인 힘　12

STEP1. 아이의 인생에서 가장 소중한 것을 생각하기

- 아이 인생에서 가장 소중한 것　22
- 자존감을 점검해보기 위한 열 가지 질문　26
- 로봇 영재의 안타까운 죽음　28
- 우울증이 된 학업 스트레스　35
- 문제 행동은 아이가 도와달라는 신호　44
- 내 아이를 행복한 어른으로 키우는 열쇠　52
- 변할 수 있는 아이의 자존감　56
- 자존심과 자존감의 차이　60
- 인정해야 할 자율성, 엄격해야 할 규칙　63
- 아이의 자존감을 객관적으로 살피는 방법　67
- 아이의 자존감 다치지 않게 혼내는 법　71
- 게임 중독, 그리고 대화의 단절　74
- 아이가 게임 중독인지 확인하는 방법　80
- 전문가 상담이 필요한 순간　82

- **사례** 친구에게 지는 것이 익숙한 아이　85
- **사례** 자꾸 부모에게 묻고 의존하는 아이　89
- **사례** 남의 물건을 훔치는 아이　94

STEP2. 성장하는 아이를 위한 행복을 이해하기

- 성장하는 아이를 위한 행복의 조건 … 100
- 아이의 자아 개념이 발달하는 과정 … 107
- 아이에게 행복감을 안겨주는 부모의 말 … 110
- 아이의 마음을 잘 들을 수 있는 다섯 가지 기술 … 112
- 소통의 핵심은 긍정과 공감 … 114
- 자존감의 기초는 부모와의 애착 … 119
- 공감하는 부모가 되기 위한 자기 점검 … 124
- 아이와 공감하는 대화의 기술 … 126
- 기억해야 할 아이의 유능감 … 135
- 내향형 아이의 자존감 키우는 방법 … 137
- 내향형 아이의 자신감을 키우는 방법 … 141
- 퇴행 행동을 하는 아이를 위한 자존감 회복법 … 143

사례 겁부터 먹고 거짓말하는 아이 … 145
사례 이기기 위해서라면 나쁜 짓도 괜찮은 아이 … 150
사례 말을 횡설수설하거나 더듬는 아이 … 154

STEP3. 아이가 자기 삶의 리더임을 인정하기

- 아이는 독립적인 인격체   160
- 부모가 믿어야 할 아이의 가능성   165
- 심리학자 이론으로 찾아보는 내 아이의 강점   171
- 주도성을 길러주는 다양한 경험   174
- 자존감이 기억하는 실패의 감정   179
- 새로운 가능성의 시작, 창의성   185
- 아이의 자존감과 창의성을 높이는 방법   190
- 내성적인 아이도 될 수 있는 좋은 리더   193
- 아이의 리더십에 영향을 주는 부모 유형   196
- 우리 아이 리더십 키우는 몇 가지 방법   199
- 부모의 경청과 공감이 만드는 아이의 리더십   201
- 아이가 학교에서 발휘해야 할 리더십   208
- 리더는 항상 1등이라는 오해   213
- 스스로 일상을 이끄는 습관   221
- 문제해결능력으로 살펴보는 리더십   223
- 성공하는 리더의 필수 조건   229
- 아이의 불안을 갈무리하는 부모의 긍정   233
- 성공한 사람들의 부모로부터 배우는 양육 원칙   239

> **사례** 간단한 문제도 쉽게 포기하는 아이   244
> **사례** 내가 최고! 우월감을 좇는 아이   248
> **사례** 떼쓰기로 문제를 해결하려는 아이   252

STEP4. 부모의 자존감을 보살피기

- 아이에게 영향을 주는 부모의 자존감   258
- 부모는 최고의 인생 모델   262
- 아이에게 적용하면 안 되는 부모의 실패   266
- 대물림되는 양육 방식   271
- 부모가 변할 때 함께 변화하는 아이의 자존감   274
- 자존감 낮은 부모를 위한 열 가지 양육 원칙   278
- 부모의 자존감을 올리는 아홉 가지 원칙   283
- 아이의 자존감을 높이는 가정의 특징   291
- 지양해야 할 부부 대화 방식   294
- 부모의 자존감이 더욱 소중한 이유   298
- 양육 방식으로 본 여섯 가지 부모 유형   304
- 자존감이 높은 부모와 낮은 부모의 차이   307
- 부모와 아이의 자존감을 모두 지키는 양육법   309

사례 부모와의 관계가 서먹한 아이   311
사례 모든 일에 소극적이고 양보만 하는 아이   315
사례 동생 본 후로 어리광이 심해진 아이   319

STEP 1.

> 아이의 인생에서
> 가장 소중한 것을 생각하기

✳ ✳ ✳
아이 인생에서 가장 소중한 것

아기를 낳고 처음 품에 안았을 때 우리는 좋은 부모가 되리라 다짐한다. 하지만 하루하루 아이가 성장하면서, 좋은 부모가 되기는커녕 부모 노릇 자체에 버거워하는 자신을 발견하곤 한다. 그나마 먹이고, 재우고, 씻기기만 하면 되는 시기에는 몸은 고돼도 마음은 뿌듯하다. 아이는 하루가 다르게 살이 오르고, 키가 자라며, 재롱을 부린다. 아이가 걸음마를 하면서 움직임이 자유로워지고 예쁜 입으로 앙증맞은 말들을 쏟아내기 시작한다. 이제 곧 유치원에 가서 친구도 사귀고 학교에서 공부도 하겠지, 하며 아이와의 미래를 그릴 때는 흐뭇해지기도 한다. 이대로 건강하게만 자라주면 더 이상 바랄 게 없다.

하지만 어느 순간 부모인 우리는 초심을 잃게 된다. 다른 아이보다 공부를 잘했으면, 좋은 학교에 진학했으면, 사회적으로 성공한 사람이 되었으면, 하고 욕심을 부리기 시작한다. 그것이 아이가 행복하게 사는 길이라고 생각한다. 그리고 우리말도 서툰 아이와 영어 공부를 시작하고, 하루에 학원 3~4곳은 다니게 하며, 학습지와 과외로 선행 학습을 시킨다. 이런 모습은 아이가 정말 하고 싶은 것 바라는 것은 뒷전으로 하고, '아이의 행복을 위해'라는 미명 아래 부모의 의도대로 아이의 꿈과 미래를 조작하고 있다는 불안감마저 느끼게 한다.

4세 고시, 7세 고시, 엘리트 반 등의 교육 문제는 이런 교육 방식이 **소수의 아이들에게만 통할 뿐, 대다수의 아이들에게는 부작용을 가져온다**는 것이다. 하지만 자식 뒷바라지와 성공에 심취한 부모들은 힘들어하는 다수의 아이보다, 성공한 소수의 아이가 더 눈에 들어올 뿐이다. 그리고 소수가 성공한 방식을 따라 이리저리 휩쓸린다. 부모로서 자녀 교육에 대한 원칙과 소신 없이 그때그때마다 유행하는 교육 방식을 좇아 철새처럼 옮겨 다닌다.

그런데 어느 순간 아이는 점점 부모의 기대보다 뒤처지기 시작한다. 아이가 반항을 한다. 일탈도 한다. 아이의 두뇌가 과열되어 더 이상 어떤 지식도 받아들일 수 없는 상태가 되기도 하고, 어떤 것도 하기 싫다며 부모의 간섭을 거부하기도 하고, 컴퓨터 게임에 중독되어 거기서 위안과 쾌락을 얻으려고 한다. 학습 스트레스로 우울증에 시달리거나 분노를 터뜨리는 경우도 있다.

EBS 다큐프라임 〈아이의 사생활〉을 제작하면서 우리는 많은 아이들과 부모들을 만났다. 그리고 다양한 분야의 전문가들을 취재했다. 그들에게 던진 수많은 질문의 이면에는 **"내 아이의 인생에서 가장 소중한 것은 무엇인가?"**가 전제되어 있었다.

우리의 인생은 다양한 경험들로 이루어져 있다. 경험은 삶의 태도를 바꾼다. 상처가 되는 경험 하나가 사람의 성격을 바꿀 수도 있고, 사소한 성공의 경험 하나가 인생 전체를 관통해 엄청난 사회적 성공으로 이어질 수도 있다. 매일매일 행복하다고 느낄 수도 있고, 세상만사 다 지겹다고 느낄 수도 있다. 일을 망쳐도 다시 시작하면 된다고 여길 수도 있고, 다시는 시도하지 않겠다고 절망에 빠질 수도 있다. 어떻게 마음먹느냐에 따라 인생의 결말은 달라지는 법이다. **여기서 '어떻게 마음먹느냐'를 조종하는 결정적인 비밀이 바로 '자존감'이었다.**

〈아이의 사생활〉이 방영된 이후 많은 교육 전문가와 부모들은 아이의 자존감에 관심을 기울이기 시작했다. 자존감이 높은 아이야말로 우리가 가장 이상적이라고 판단한 '행복한 인재'를 만드는 길이었다.

자아존중감自我尊重感, 즉 자존감이란 자신이 사랑받을 만한 가치가 있는 소중한 존재이며, 어떤 성과를 이뤄낼 만한 유능한 사람이라고 생각하는 마음이다. 또 성과를 내지 못한다 하더라도 자기 자신을 있는 그대로 마음에 들어 하는 것이다.

자존감이 높은 아이는 "나는 참 소중한 사람이야. 나에게는 여러 가지 단점이 있지만, 장점은 더욱 많기 때문에 어떤 어려운 일을 만나더라도 포기하지 않고 도전할 거야. 내가 도전을 포기하지 않는다면 분명 좋은 결과가 있을 거야. 실패하더라도 열심히 노력한 내가 참 마음에 들어"라고 말할 수 있다.

앞으로 이 책에서는 부모들이 교육에 몰입하는 사이 아이에게 소홀했던 것은 무엇이었는지 알아보고자 한다. 그 소홀함이 우리 사회와 교육계에 큰 위기를 안겨주기도 했지만, 이제부터라도 아이 인생에서 가장 소중한 것을 찾아준다면 얼마든지 위기는 극복할 수 있다. 자존감이 그 극복의 열쇠가 될 것이다.

자존감을 점검해보기 위한 열 가지 질문

하버드대학교 교육학과 조세핀 킴Josephine Kim 교수는 "자존감은 성공하는 삶을 살아가는 데 꼭 필요한 요소이자, 자존감의 핵심은 자기 가치와 자신감"이라고 말했다. 원광아동상담센터 이영애 박사는 "자존감은 자기가치감, 유능감, 자신에 대한 호감이다. 이것이야말로 자신을 제대로 사랑하는 방법"이라고 했다. 숙명여자대학교 교육학부 송인섭 교수는 "모든 행동의 근원이 되는 핵심적인 인간 행동의 특성"이라고 강조했다. 캐나다의 교육심리학자인 제르맹 뒤끌로Germain Duclos는 "자존감은 '자신의 가치' 그 자체가 아니라 자신의 가치에 대한 인식"이라고 저서에서 밝히고 있다.

다음 열 개의 문항은 초등 저학년 아이의 자존감 수준을 살펴보기 위한 질문이다. 부모가 아이에게 질문해보자.

〈아이에게 질문하고 대답을 들어 보세요〉

1. 나는 내가 다른 사람들처럼 가치 있는 사람이라고 생각한다. (네/아니오)

2. 나는 좋은 성품(생각, 태도, 행동)을 가졌다고 생각한다. (네/아니오)

3. 나는 대부분의 다른 사람들과 일을 잘할 수가 있다. (네/아니오)

4. 나는 나 자신에 대하여 긍정적인 태도를 가지고 있다. (네/아니오)

5. 나는 나 자신에 대하여 대체로 만족한다. (네/아니오)

6. (지금은 그렇지 않지만) 미래엔 나는 나를 더 존중하고 싶다. (네/아니오)

7. 나는 자랑할 것이 별로 없다. (네/아니오)

8. 나는 대체적으로 실패한 사람이라는 느낌이 든다. (네/아니오)

9. 나는 가끔 나 자신이 쓸모없는 사람이라는 느낌이 든다. (네/아니오)

10. 나는 때때로 내가 좋지 않은 사람이라고 생각한다. (네/아니오)

질문에 대한 결과는 참고 사항일 뿐이다. 아이 자존감 평가의 절대적인 기준은 아니다. 만약 항목에 대한 부정적인 답변이 과도하게 많을 경우 아이의 자존감에 더욱 많은 관심을 기울일 필요가 있다. **아이와 대화가 잘 되지 않았거나 아이의 대답이 기대와 달랐다고 하더라도 미리 단정 짓고 실망하는 일은 없도록 하자. 아이의 내면에 더 집중하는 것이 더 중요하다.**

로봇 영재의 안타까운 죽음

이 책을 집필하던 때에, 카이스트KAIST, 한국과학기술원에 재학 중인 한 학생이 자살했다. 이 사건은 신문과 인터넷 매체를 통해 많은 사람들의 입에 오르내렸다. 모든 기사의 제목은 '로봇 영재'라는 말로 시작하고 있었다. 자살한 학생은 자식을 둔 부모라면 누구나 부러워할 만한 학교에 재학 중이었고, 어려서부터 로봇 공학 분야에서 장래가 촉망되던 학생이었다. 국제 로봇올림피아드에서 대상을 받은 인재였으며, 자신이 좋아하는 분야에 더 빨리 진입하기 위해서 일부러 실업계 고등학교를 선택한 소신 있는 학생이었다. 실업계고 출신이 카이스트에 입학하자, 사람들은 한 가지 분야에서 출중한 재능만 있으면 얼마든지 성공할 수 있을 거라고 기대를 걸었다.

그런 그가 입학한 지 1년 만에 스스로 목숨을 끊었다. 그의 선택에는 개인적인 사정도 있었겠지만, 언론은 학업에 대한 부담감을 언급했다.

카이스트는 우리나라 최고 인재들이 모여 있으므로 학생 간의 경쟁이 치열할 수밖에 없다. 특히 자신의 역량과 한계를 더 자주 마주했을 것이다. 그는 실업계고 출신이어서 영어와 수학에서 많은 어려움을 겪었다. 영어로 진행되는 수업을 따라가기 힘들었고 보충수업까지 받으며 공부했던 미적분 수학 시험에서는 낙제점을 받았다고 한다.

더욱 안타깝게도 이 학생의 죽음이 서서히 잊힐 무렵, 또 다른 카이스트 학생 세 명이 연이어 죽음을 선택했다. 1년간 학생 네 명이 자살했다는 사실은 카이스트뿐 아니라 우리나라 교육계에 커다란 파장을 불러일으켰다. 성적에 따라 차등 적용되는 이른바 '징벌적 등록금 제도'는 물론 전체 강의의 90% 이상을 차지하는 영어 수업까지, 당시 카이스트 총장인 서남표식 운영 방침이 뜨거운 감자로 떠올랐다.

성적 지상주의, 지나친 경쟁구조 등 우리 사회의 오랜 병폐 탓이라는 이야기가 쏟아져 나왔지만 이것으로 그들의 자살 이유를 전부 설명할 수 있을까?

우리 사회를 장악하고 있는 경쟁구조가 단번에 사라지기는 어려울 것이다. '1등'이라는 평가가 존재하는 한 성적, 학업 스트레스도 지속될 것이다. 존재만으로도 빛이 나는 소중한 청년들이 스스로를 '용의 꼬리'라고 여기고 얼마든지 이들과 유사한 선택을 할지 모른다. 그렇다면 이들이 극단적인 선택을 하지 않도록 도와주는 방법은 과연 없는 것일까?

　카이스트는 전국의 내로라하는 수재들이 몰리는 학교이다. 신입생 정원의 65%가 과학고, 영재고 출신으로, 이들 대다수는 초중고 시절 학교와 부모의 자랑이면서 어른들의 기대를 한 몸에 받는 존재였다. 그런데 이런 뛰어난 학생들이 한 집단에 소속되어 그 안에서 경쟁을 하게 된다. 어디서나 우열은 생기게 마련이고, 결국 난생처음 경쟁에서 뒤처지거나 실패를 맛본다. 문제는 실패를 경험한 적이 별로 없는 아이들은 이런 상황을 참고 견디며 극복하는 힘이 부족할 수 있다는 점이다. 게다가 이 학생들은 보통의 경우보다 성취욕이나 성공에 대한 욕구가 큰 편이다. 성취욕이 컸기 때문에 어렸을 때부터 남다른 노력을 기울이고 학업에 있어서 좋은 결실을 맺었던 것이다. 마음속으로는 잘해내고 싶다는 욕구가 가득한데, 현실에서는 뒤처지거나 실패하거나 낙오를 하니, 결국 좌절감과 스트레스를 이기지 못해 우울증에 시달리거나 분노를 표출하거나 삶을 포기하는 선택을 하고 만다.

　한 자살 방지 전문가는 전문적인 치료와 더불어 '실패나 좌절을 넘어서는 힘'을 길러주는 것이 가장 시급하다고 말한다. 남들이 보기에 성실하고 모범적인 사람일수록 오히려 작은 실패나 좌절을 감당하지 못한다고 한다. 한국생명의전화 하상훈 원장은 기사를 통해 **"실패의 경험이 적을수록 면역력이 약해진다"**고 표현했다.

면역력. 참 적절한 비유이다. 면역력은 외부에서 침입한 병균과 싸워 이겨본 경험이 많아야 더 강해진다. 다음번에 더 힘이 센 병균이 침입해도 이미 이겨본 경험이 있기 때문에 병을 너끈히 이겨낼 수 있게 된다. 병균에 감염되어 병을 앓을 때에도 면역력이 강한 아이는 멀쩡하다. 하지만 부모인 우리는 어떤가. 아이가 조금만 콜록거려도, 콧물만 훌쩍거려도 당장 병원을 찾아 감기약을 지어 먹인다. 아이가 앓을 새를 주지 않고, 면역력이 생기는 시간을 기다리지 못하고 부모가 재빨리 나서서 조치를 취한다.

공부에서도 이와 똑같은 일이 벌어진다. 아이가 무엇을 좋아하는지, 어떤 것에 재능이 있는지 발견하기조차 어려울 때부터 이미 이 학원, 저 학원으로 아이를 내몬다. 자칫 시험이나 평가에서 좋은 점수를 얻지 못하면, 더 많은 시간을 공부에 쏟게 하거나 더 좋다고 소문난 학원을 찾아다닌다. 아이의 마음과 이야기에는 귀 기울일 틈 없이, 부모가 계획해놓은 스케줄표에 따라 아이를 움직이게 한다. 그리고 이 모든 것이 아이를 위한 일이라고 스스로 위로한다.

부모들이 이렇게 시류에 휩쓸려 아이 교육에 집중하는 이유는 내 아이가 경쟁에서 뒤처지는 것이 걱정되기 때문이다. 치열한 경쟁 사회에서 부모가 제대로 받쳐주지 못하면 아이가 경쟁력을 쌓을 수 없다고 생각한다. 경쟁력이 없는 아이는 실패하게 되고, 잦은 실패가 결국 아이의 자신감을 빼앗고, 심리적으로 위축되다가 결국 포기해버려서 삶 자체가 도태될 것이라고 걱정한다. 이런 이유로 부모는 아이를 달리는 말 위에 태운 것처럼 채찍질을 하며 끊임없이 앞으로 나아가게 해야 안도한다.

하지만 여기서 가장 중요한 경쟁력 하나를 놓치고 있다. 바로 아이의 자존감이다. 거의 모든 아이들이 같은 경쟁 사회에서 비슷한 수준의 교육을 받는다고 가정했을 때, 아이의 능력을 가르는 것은 바로 자존감이다. 그리고 자존감은 아이가 실패를 겪었을 때, 위기에 봉착했을 때 극복하고 다시 일어서게 하고, 끈기 있게 도전하게 하는 심지心志가 된다. 아이의 자존감을 위해 부모는 아이가 좋은 면과 나쁜 면, 성공과 실패를 치우침 없이 고루 경험하게 하고 그 자체를 수용할 수 있도록 도와주어야 한다. 자기 자신의 신체적 조건이나 심리적 현상을 있는 그대로 받아들이는 것이다.

'자기 수용'은 자신의 느낌이나 생각, 행동을 자기의 것으로 인정하고 책임지며 자신의 상황을 인정하고 직면하는 태도이다.

자존감이 높은 아이는 자기 수용 능력이 높기 때문에 다른 사람이 자신을 비난하거나 무시해도 감정적 동요가 적고 상처를 덜 받는다. 그런 아이들에게는 '**내가 잘하는 것도 있고 못하는 것도 있듯이, 나를 좋아하는 사람도 있고 싫어하는 사람도 있을 수 있다. 그렇다고 내가 나쁘거나 하찮은 것은 아니다. 나는 사랑할 만한 가치가 있는 사람이며, 소중한 사람이다**'라는 기본 정서가 밑바탕에 있기 때문이다.

이것은 무조건적인 자기애와는 다르다. 자기애가 강한 사람은 무조건 자신은 최고이고, 대단한 사람이라는 생각을 갖고 있다. 자신의 장점만을 수용하기 때문에 누가 자신의 뒤에서 단점을 험담이라도 하면 부정적인 감정이 생기고 그 단점에 대한 사실을 인정하기가 버겁다. 진정한 자존감은 다른 사람의 평가를 수용하면서도 그 안에서 자신감 있는 자기 자신을 만들어가는 것이다. 그래서 자존감이 높은 아이는 누군가 자신을 비난하거나 무시해도 감정적 동요가 적다. '나를 좋아하지 않는 사람도 있을 수 있고, 나를 귀하게 여기지 않는 사람도 있을 수 있다. 그렇다고 내가 나쁘거나 하찮은 사람은 아니다. 나는 나를 사랑하고 가치 있게 여긴다'고 생각할 여유가 있다. 이렇게 사람들의 평가를 수용하면서 자신을 있는 그대로 받아들이는 사람일수록 위기 극복이나 문제 해결을 위해 더욱 적극적인 자세를 갖는다.

인생을 살아가면서 늘 성공의 길만을 달리는 사람은 거의 없다. 위인들은 많은 실패를 경험하고서도 자신을 일으켜 세운다. 이는 실패를 통해 더 많은 경험과 더 큰 교훈을 얻었기 때문이다. 에디슨은 전구를 발명하기까지 거의 1만 번 실패했다. 천재 발명가라고 불리지만 에디슨의 진가는 하나를 발명하기 위해 지난한 실패의 과정을 극복했다는 것에 있다. 에디슨은 사람들에게 **"무엇인가를 포기했을 때가 사실은 성공의 문턱 바로 앞"**이었다며 실패를 두려워해 포기하지 말고, 신념을 갖고 도전하라고 독려했다.

아이는 걷기 위해 수천 번 엉덩방아를 찧는다. 이런 아이가 안타깝다고 부모가 계속 안아준다면 아이는 결코 혼자서 걸음마를 뗄 수 없을 것이다. 어릴 때 실패를 경험하지 않은 아이는 성인이 되어서 작은 실패도 참지 못한다.

늘 칭찬만 받으며 주목받는 삶을 살아가는 젊은이들이 작은 실패를 견뎌내지 못하고 극단적인 선택을 하는 경우가 많다. 자, 실패에 주저앉는 아이로 키울 것인가, 아니면 실패를 딛고 더 크게 성장하는 아이로 키울 것인가. 내 아이가 어떤 사람으로 자랄 것인지, 그 씨앗을 뿌리는 사람은 부모 자신임을 기억하자.

우울증이 된 학업 스트레스

공부밖에 몰랐던 명문대생의 죽음은 우리나라에서만 벌어지는 일이 아니다. 〈뉴욕타임스〉는 미국의 명문 대학교 중 교내에서 학생이 사망한 사건 10건 중 6건은 자살에 의한 것이라고 보도한 바 있다. 이때 코넬대학교의 심리학자인 티모시 마첼Timothy Marchell 박사는 "소위 엘리트라고 불리는 명문 대학교 학생의 자살은 실제 알려진 것보다 많으며, 이들의 자살 이유 중 하나는 엄청난 학업 스트레스"라고 말했다.

우리에게 더욱 의미 있게 다가온 것은 하버드 내 한인 청소년들의 사례였다. 우리는 하버드에서 한인 청소년들의 자존감을 연구하고 있는 조세핀 킴 교수를 인터뷰했는데, 당시 그는 이런 말을 했다.

"정말 놀랍게도 매년 하버드대학교 신입생의 10%는 한인 청소년들이 차지한다. 하지만 자살률 1위 역시 한인 청소년이다.

하버드 입학을 인생 최대의 목표로 달려온 아이들이 목표를 상실하고, 주변의 뛰어난 수재들과 경쟁하면서 자존감이 위축된 것이다."

우리가 아이들의 자존감을 처음 취재하던 당시, 우리나라 국민건강보험공단의 〈서울 25개 자치구별 10대(10~19세) 우울증 및 ADHD 진료 인원〉 발표에 따르면 우울증의 경우 강남구가 1,147명으로 전체 진료 인원인 1만 1,960명의 9.6%를 차지하며 최상위에 올랐다. 뒤를 이어 송파구(993명), 노원구(926명), 양천구(783명), 서초구(753명) 순이었다.

ADHD(주의력결핍 과잉행동장애) 또한 강남구가 2,116명으로 전체 진료 인원인 1만 9,424명의 10.9%를 차지, 이 역시 최상위에 올랐다. 2,080명인 노원구가 강남구를 바짝 뒤쫓고 있었으며, 송파구(1,777명), 양천구(1,147명), 서초구(1,044명)가 뒤를 이었다.

강남구, 노원구, 송파구, 양천구, 서초구······. 이 다섯 개 구의 연관성은 무엇일까? 바로 교육열이 다른 구에 비해 월등히 높다고 알려져 있다는 점이다. 강남구 대치동이 우리나라 사교육 1번지라는 것은 누구나 아는 사실이다. 강남구, 송파구, 서초구는 3대 교육특구로 입에 오르내리며, 노원구는 강북의 대치동이라 할 만큼 사교육열이 뜨겁다. 양천구의 목동은 집값이 천정부지로 솟은 대치동을 대체할 만한 지역으로 손꼽힌다. 무엇보다 강남구의 사교육비는 강북의 3배를 넘어선 지 오래되었다.

10여 년이 지난 현재도 그때와 다르지 않다. 교육부·질병관리청의 〈청소년건강행태조사〉에 따르면, 중·고등학생의 10명 중 3명이 평소 스트레스를 느끼고 최근 1년 내 우울감을 경험했다. 특히, 2024년 스트레스 인지율은 42.3%로, 우울감 경험률은 남학생 23.1%, 여학생 32.5%로 나타났다.

교육열이 뜨거운 만큼 아이들은 학업 스트레스로 시달릴 수밖에 없다. '소아·청소년 정신건강의학과가 강남구에 제일 많다'는 이야기는 우리의 교육 현실을 반영한다. 스트레스가 결국 아이에게 자존감 상실을 가져오고 우울증과 과잉행동장애를 불러일으키는 것이다. 공부 때문에, 성적 때문에 힘들어하던 학생들이 편지 한 장 남겨놓고 아파트 옥상에서 뛰어내렸다는 안타까운 기사를 어렵지 않게 접하게 된다.

이렇게 학업 스트레스가 아이의 자존감에 영향을 미친다는 사실은, 〈아이의 사생활〉 제작진이 촬영 중 진행한 실험에서도 여실히 드러난 바 있다. 비슷한 환경에서 살고 있는 초등학생 319명, 중학생 335명, 고등학생 227명의 자존감을 비교해보았더니, 의미 있는 결과가 나왔다. 자존감은 초등학교 입학 전후로 어느 정도 결정된다고 들었는데, 우리가 조사한 바에 따르면 아이의 자존감은 중학생 무렵 떨어졌다가 고등학교에 입학한 후 다시

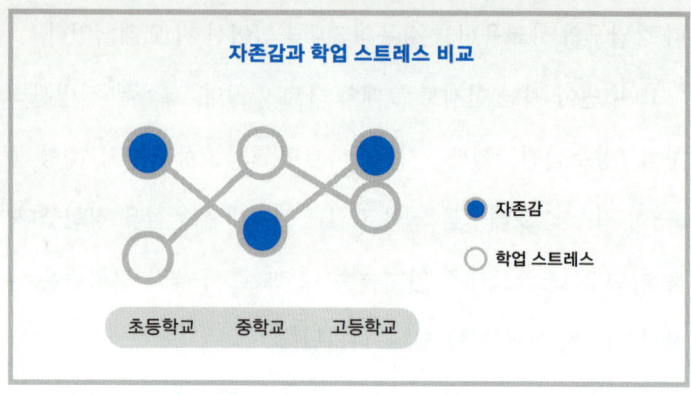

올라간다. 이유가 뭘까? 초·중·고 아이들의 학업 스트레스를 조사하여 다시 그래프로 표시해보니 해답은 생각보다 쉽게 나타났다. 학업 스트레스에 대한 그래프는 초등학교 시절이 가장 낮고 중학교 시절에는 높아졌다가 고등학교 시절에는 다시 낮아졌다. 요즘은 대학입시를 중학교 때부터 준비하다보니 이때 공부에 대한 스트레스로 아이들의 자존감이 낮아졌다가, 스트레스가 약해지면 다시 오르고, 고등학교 때부터는 익숙해지는 것이다. 아이들의 자존감 변화는 학업 스트레스와 관련이 깊었다.

우리가 궁금했던 내용은 한 번 만들어진 자존감은 변하지 않고 고정되는 것일까, 하는 점이었다. 그래서 연령대를 나누어 아이들의 자존감 지수를 조사했는데, 자존감이 외부 자극에 의해 변할 수 있다는 사실도 놀라웠지만, **자존감을 변화시키는 중요한 요인 중 하나가 학업 스트레스였다**는 사실은 더욱 놀라웠다.

누군가 심각하게 아이 내면에 상처를 주지 않아도, 반복적으로 실패를 겪지 않아도, 공부가 일상인 학생들에게는 공부 그 자체가 가장 큰 스트레스였고 눈에 띄는 자존감 상실의 이유였다.

실제로 보건복지부가 청소년 스트레스의 원인을 분석·발표한 바에 따르면 청소년의 67.1%가 그 원인을 학업이라고 답해 1위를 차지했으며, 자살을 생각한 이유에서도 학업이 38.1%로 가장 높았다. 한국청소년정책 연구원이 발표한 〈청소년 건강실태 조사〉 결과에서도 초등 4학년부터 중고생 9,844명이 느끼는 스트레스의 원인은 학업(63.5%), 진로(46.3%), 외모(40.4%), 부모와의 관계(38.2%) 순이었다.

공부하는 학생에게 가장 큰 문제가 학업인 것은 당연하다. 하지만 스트레스를 이겨낼 힘도 없고, 해소할 기회도 없는 아이에게 계속 공부하라고 다그치는 것은 엔진이 과열된 자동차에 계속 가속 페달을 밟아대는 것과 다르지 않다. 스트레스를 받으면 우리 몸의 맥박이 빨라지면서 혈압이 상승한다. 음식물의 소화나 흡수에 장애가 생기며 자율신경계에도 영향을 미쳐 우울증을 유발한다.

우울증을 불러올 수도 있는 학업 스트레스. 어찌 보면 이것은 부모인 우리가 제공한 것일지 모른다. 우리는 학력이나 학벌에 상관없이 능력에 따라 공정하게 평가받고 대우받는 사회가 공정

사회이며, 사회정의라고 말한다. 그리고 학력, 학벌이 그 사람을 평가하는 기준이 되는 사회 분위기가 안타깝다고 이야기한다. 하지만 남들이 다 하기 때문에 우리도 그 점을 무시할 수 없고 아이도 어쩔 수 없이 따르게 하는 것이라고 변명한다.

아이가 공부 때문에 스트레스를 받는 이유는 자기 자신의 만족도가 떨어져서다. 사실, 가장 힘든 사람은 아이 자신이다. 그런데 이 와중에 엄마 아빠가 자신의 점수에 실망하고 속상해하며 꾸중한다면 불에 기름을 붓는 격이다. "공부해라" "학원 가라" "숙제해라" 등의 잔소리는 기본이다. "나는 네 나이 때 안 그랬다" "이 성적 가지고 대학은 가겠어?" "뼈 빠지게 일해서 돈 벌면 뭐해. 학원 보내는 맛도 없는데" "옆집 네 친구는 이번에 영재반 들어갔대" 하며 아이를 비난하거나 비교하며 자존감에 흠집을 내는 것이다. 늘 결론은 똑같다. "이게 다 너 위해서 하는 소리야." 쐐기를 박는 듯한 말에 아이는 말문을 닫아버린다. 동시에 마음의 문도 닫혀버린다. **하나 더 기억해야 할 것은 학업 스트레스가 아이의 자존감에 영향을 미치는 것처럼 부모가 아이의 학습을 지도하는 방법 또한 자존감에 영향을 미친다는 점이다.**

아이에게 부모의 말과 행동은 거울과 같다. "책 좀 읽어라" "공부해라" 늘 말만 하는 부모가 아이 앞에서 책 한 페이지 읽는 모습을 보이지 않고, "집중 좀 해" 말하면서 TV 소리를 크게 틀어두는 무심함을 보이기도 한다. 부모는 아이가 무엇을, 어떻게, 공부하는지에 관심 있는 것이 아니라, 단지 성적에만 관심이 있을지 모른다. 소아·청소년 정신건강의학과의 의사들 다수가 말한다. "공부 열심히 했어?" "선생님 말씀 잘 들었어?" 물어보는 부모는 많아도, "오늘 재미있었어?" "미술 시간에 무엇을 그렸니?" "짝꿍이랑 무슨 이야기했어?" 하고 물어보는 부모는 많지 않다고. 아이는 부모에게 자신의 성적이 아니라, 자신이 무엇을 배웠는지, 어떤 것에 호기심이 생기는지 알려주고 싶어 한다. 부모가 자신의 공부에 진심 어린 애정이 있다는 것을 알게 되면 아이도 학업에 흥미를 갖고 어떻게 하면 더 즐겁고 유익하게 공부할 수 있을지 고민하게 된다.

우리는 전문가들을 통해 얻은 학업 스트레스를 줄이는 또 다른 방법은, 아이가 못했을 때 꾸짖기보다 잘했을 때 칭찬하는 것이다. "매일 아침 시간에 예습하는 습관을 들이더니, 시험을 잘 봤구나" 하며 **과정과 결과를 함께 칭찬하거나,** "선생님이 요새 네가 발표력도 좋아지고 수업에 집중한다고 말씀하시더라" 하며 **제3자의 말을 빌려 칭찬해보자.**

이러한 칭찬은 아이 기분을 좋게 하고 자신감을 키운다. 다음에는 더 열심히 하겠다는 의욕도 심어준다. '넌 어떠어떠한 노력을 했으니, 이번에는 좋은 결과가 있을 거야' 하며 긍정적인 자기 암시를 심어주는 것도 효과적이다.

그리고 부모가 좀 더 의연하게 내 아이의 능력을 믿고 기다려주는 태도를 가져보자. 우리는 이 책을 쓰며 부모의 조바심과 욕심 때문에 아이를 담금질하는 건 아닌가 생각해본다. 부모교육학자들은 부모와 아이의 문제를 해결할 때, 아이가 문제라면 부모가 먼저 아이의 마음과 상황에 귀 기울이고 공감해주는 것이 중요하다고 말한다. 반대로 부모가 문제일 때는 부모 자신의 생각을 바꾸는 것이 가장 큰 방법이라고 조언한다.

아이가 본격적으로 학업에 임하게 될 때의 자존감 형성도 중요하다. 많은 전문가들은 유아기 때 자존감의 기본 틀이 형성된다고 말한다. 어떤 전문가들은 그때 만들어진 자존감을 토대로 하여 아이가 평생을 살아간다고 말한다. 심지어 유아기의 자존감이 아이 인생의 성공과 실패를 결정한다고까지 단언한다. 맞는 말이다. 학령기가 되면 아이는 자신의 편이 되어주던 부모와도 이별을 해야 하고, 집단 속에서 새로운 규칙도 익혀야 하고, 하기 싫은 일도 억지로 해야 하는 상황에 놓이기도 한다. 친구도 사귀어야 하고, 집단 속에서 또래들과 비교당하며 경쟁을 해야 한다. 이런 상황이 되면 아이는 예전처럼 "잘한다, 잘한다" 소리만 듣고 살기 어려워진다. 난생처음 "못했다" "틀렸다" "졌다" 등의 말을 듣고 충격을 받을 수도 있다. 자신이 '최고'가 아니라는 사실을 깨닫게 하는 많은 시련도 겪을 것이다. 때문에 학령기는 어떻게 보내느냐에 따라 자존감이 단단해지기도 하고 위기를 겪기도 하는 시기가 된다.

학업이 지속될수록 아이는 잦은 실패를 경험하게 되고 자존감에 상처가 생길지 모른다. **자존감은 변할 수 있겠지만, 유아기의 자존감이 단단한 기본기가 되어 있는 아이라면 사정은 다르다.** 자존감이 낮은 아이보다 학업 스트레스를 잘 극복해낼 것이며, 자신이 잘 해낼 것이라는 믿음과 성취욕을 갖고 노력할 것이다. 어려운 문제 앞에서는 끈기를 갖고 도전할 것이다. 학업 스트레스가 절정에 있는 청소년기에는 다른 아이들처럼 자존감이 떨어지기도 할 것이다. 하지만 같은 상황 속에서 남들보다 더 뛰어난 회복력을 발휘할 것이고 자존감을 되찾을 것이다.

유아기의 자존감은 인생의 위기를 극복하는 데 있어 소중한 씨앗이 된다. 그렇다고 어렸을 때 자존감을 쌓아줄 기회를 놓쳤다고 안타까워하지는 말자. 아이 자존감은 외부 환경이나 스트레스에 따라 얼마든지 변할 수 있다. **지금부터라도 내 아이의 자존감을 위해 부모가 바뀌도록 노력하자.**

✳ ✳ ✳

문제 행동은
아이가 도와달라는 신호

아이들은 계속 성장하고 발달하는 중이다. 가정에서, 학교에서, 혹은 또래관계 등을 통해 지식을 습득하고 인성을 다듬어간다. 그렇다면 아직 발달 과정에 있는 아이가 자존감이 높은지, 혹은 낮은지 어떻게 알 수 있을까?

자존감이 낮은 아이들은 여러 가지 신호로 부모에게 자신의 상황을 알린다. 아이가 드러내는 문제 행동은 현재 아이의 자존감이 위기를 맞고 있다는 신호이다. 부모가 이 신호를 제대로 파악하고 대처해야 아이의 자존감을 올바로 키워줄 수 있다.

그런데 아이의 문제 행동 중 그것이 자존감 때문인지 아닌지, 부모가 원인을 파악하기 어려운 것이 있다. 바로 '아프다'는 신호이다. 어린 아이들은 자신의 불안감이나 혼란스러움을 원인 모를 통증이나 질병으로 호소하기도 한다. 부모는 아이의 마음이 아픈 것이라고는 생각하지 못하고, 겉으로 드러난 증상을 치료하기 위해 동분서주하게 된다.

한 엄마가 아이를 심리치료센터에 데리고 왔다. 엄마는 남편과의 불화 때문에 아이가 세 살 때 3일 정도 집을 비운 적이 있었다. 다행히 집에 돌아왔지만 이후 이상하게 아이가 유아원에만 가면 토하고 힘들어했다. 처음에는 소화기 건강에 문제가 있나 싶어 병원에 데려갔는데 별 이상이 없다는 것이었다. 대신 의사는 심리치료센터를 추천했다. 진단 결과 아이는 갑작스런 부모와의 분리로 인해 충격을 받았으며 정서적으로 많이 불안정한 상태임을 알게 되었다. 유아원에서 계속 토했던 이유는 자신이 다른 곳에 있을 때 엄마가 사라져버리면 어쩌지 하는 불안감 때문이었다. 실제로 엄마는 아이가 집에 없을 동안 가출을 했었다. 유아원에서의 생활이 힘들어지자 아이는 친구들과 잘 어울리지 못했고, 무엇에든 눈치를 보고 쭈뼛거리는 모습을 보였다. 부모와의 분리로 인한 충격이 한창 발달 중인 아이의 자존감마저 흔들어놓았던 것이다. 심리치료센터에서 엄마는 아이와 함께 매일 규칙적인 놀이를 하라는 처방을 받았다. 그리고 하나 더, "나는 너를 사랑해"라는 말을 하루에 세 번씩 꼭 하라는 이야기를 들었다. 아이가 회복해야 할 것은 부모와의 애착뿐 아니라 스스로를 사랑받을 만한 존재라고 긍정하는 자존감이었다.

아이는 어른과 다른 사고의 틀을 가지고 있기 때문에 무슨 문제라도 생기면 마치 자신 때문에 일어난 일로 여기곤 한다. 엄마 아빠가 싸우기라도 하면 혹시 나 때문은 아닐까 오해하고 불안해한다. 아이는 자신의 행동이 변해야 부모가 원래 상태로 돌아온다고 생각해서 늘 자신의 행동에 조심하며 주변의 눈치를 살핀다.

또는 자신이 아팠을 때 엄마 아빠가 자신만을 걱정하고 돌봐주던 것을 기억하고 통증을 호소하기도 한다. 아이의 문제 행동 중에는 이유 없는 행동이 없다. 안타깝게도 아이가 어릴수록 부모의 양육 태도가 주된 원인이 되는 경우가 많다.

문제 행동의 유형 중 또 다른 하나는 아이가 반항하는 태도이다. 아이의 반항심은 발달 과정 중 지극히 정상적인 행동일 수도 있고 긍정적으로 해석할 수도 있다. 부모와의 애착이 안정적으로 형성된 아이는 부모로부터 독립해 바깥세상을 탐색하고 자신의 힘으로 끊임없이 새로운 것을 시도해보려고 한다. 이렇게 독립적인 성향을 보이는 아이는 건강하게 자라고 있다는 증거이다. 하지만 매번 부모가 자신이 하고 싶지 않은 일만 지시하거나 자신이 하고 싶은 일을 제지할 때, 그리고 이런 일이 일상에서 반복된다면 아이의 마음속에 '화火'가 자라게 된다. 결국 아이 마음의 화는 반항적인 행동으로 이어지게 된다.

그러므로 아이가 부모의 말을 따르지 않고 반항한다고 해서,

문제 행동으로 심각하게 받아들이기보다 아이의 행동에 좀 더 자율성을 부여하고 대신 스스로 책임질 수 있는 자세를 갖게 해야 한다. 만약 반대로 아이의 자율성을 억압하려고만 들면 아이는 또 다른 문제 행동을 보일 수도 있다.

부모가 시키는 대로만 하는 수동적인 자세도 문제 행동 중 하나인 것이다. 즉 마음속의 화 때문에 수동-공격적인 행동을 보이거나 여러 문제 행동으로 진행되기도 한다.

"우리 아이는 왜 이렇게 느린지 모르겠어요. 무엇을 하더라도 늘 느릿느릿 행동해서 속이 터져 죽을 것 같아요."

초등학교 3학년 자녀를 둔 한 엄마의 말이다. 부모가 무엇을 하라고 일러주면 처음에는 못 들은 척하다가 몇 번 다그치면 게으름을 피우듯 슬렁슬렁 움직인다. 그래서 엄마의 말에서는 '빨리빨리'가 끊이지 않는다고 한다.

그런데 이 아이가 몰입하고 열성을 보이는 것이 딱 하나 있다. 바로 컴퓨터 게임이다. 학원에 다녀오자마자 가방을 거실에 팽개치고는 곧장 컴퓨터 게임을 시작한다. 언젠가 한창 컴퓨터 게임 중인 아이 방에 들어갔더니, 아이가 갑자기 일어나 엄마를 밀쳐내며 목을 조르는 일까지도 있었다고 한다. 엄마는 지금도 그때 일을 생각하면 눈물이 나고 심장이 벌렁거린다고 했다.

사실 아이 입장에서 보면 하루 종일 학교와 학원 순례를 하느라 마땅히 스트레스 풀 곳이 없다. 학교에서 친구들과 놀 시간도 없기 때문에 또래 관계에서 자신을 어떻게 자리매김해야 할지 미숙하다. 그러다보니 힘든 일상에서 빠져나와 즐거움을 만끽할 수 있는 대상은 컴퓨터뿐이다. 엄마는 늘 이것 해라, 저것 해라, 빨리 해라 잔소리 대장이다. 아이는 컴퓨터 게임을 하며 온라인 친구와 채팅하는 것이 재미있고 게임 캐릭터의 능력치가 높아지는 것이 자랑스럽다. 만약 **아이가 필요 이상으로 컴퓨터 게임에 중독되어 있다면 현실에서 얻지 못하는 자존감을 온라인 세상에서 찾고 있는 건 아닌지 체크해봐야 한다.** 중독 현상은 현실에 만족하지 못할 때 생겨나기 때문이다.

아이가 못 들은 척 회피하거나 느리게 움직이는 것은, 마음속에 화가 쌓여 있지만 겉으로는 드러내지 않고 은근히 화를 표출하는 수동-공격적 행동이다. 사회와 부모가 기대하는 것은 무엇에든 흥미를 보이지 않고 그저 시간이 흘러가기만을 바란다. 특히 아이의 행동을 관리하고 체크하는 부모의 아이일수록 이런 행동을 많이 보인다. 처음에는 무기력한 모습일 뿐이지만, 조금 더 자라서 스스로 힘이 생기면 아이는 밖으로 뛰쳐나가고 만다. 더 이상 자신을 옭아매는 부모 밑에 있고 싶지 않다는 마음으로 탈출해버리는 것이다.

자존감이 낮은 아이는 자신을 비하하고 스스로를 존중하지 못하기 때문에 매사 위축되고 의존성이 높은 태도를 보인다. '나는 그저 그런 아이야. 잘하는 것이 없어. 노력해도 소용없어. 분명 실패할 게 빤한데'라고 생각하며 도전하기를 꺼린다. 도전하기도 전에 실패를 예측하며 사소한 실패에도 자신을 자책한다. 남 탓을 하기도 한다. 처음부터 시도조차 하지 않으려 하며, 시도한다 해도 끝까지 해낼 수 있다는 의지도 부족하다.

우리가 만난 전문가들은, 만약 아이가 자신의 능력을 폄하하고 자신감이 없으며 자신에게 주어진 일을 끝까지 해내지 못한다면 부모가 더욱더 열심히 아이를 격려해주어야 한다고 조언했다. 때에 따라서는 약간의 도움도 필요하다. 그리고 "내가 도와주니 이겼지?"라는 말보다는 **"조금밖에 도와주지 않았는데, 네가 이겼구나. 다음에는 혼자서도 충분히 이길 수 있을 거야"식으로 아이의 능력을 인정하고 추켜세워준다. 이런 경험이 하나둘 쌓이기 시작하면, 자기 힘으로 완수해내는 일이 많아지고 가끔 난관이 있더라도 스스로 해결해보려고 노력하게 된다. 드디어 자존감이 싹트는 것이다.**

만약 위축되고 의존성이 높은 태도가 그대로 지속된다면, 아이는 또래 관계, 대인 관계에 있어서 어려움이 따르게 된다. 자신감이 없고 위축된 상태이기 때문에 다른 사람들의 눈치를 보게 된다. 이러한 상태를 중요하게 생각해야 하는 이유는, 아이가 또래 속에서 왕따 문제를 겪을 가능성이 있기 때문이다. 의사소통에 어려움을 느끼거나 집단 놀이를 제대로 수행하지 못하면, 자연히 또래 집단에서 멀어지게 된다. 아이의 자존감은 더욱더 깊은 수렁에 빠질지 모른다. 밖에서는 순하고 얌전한 아이였다가 집에서는 폭군으로 변한다면 전문가의 도움이 필요한 상태일 수도 있다. 이 역시 대인관계에 있어 어려움을 겪기 때문에 벌어지는 일이다. 다른 이들의 눈치를 보고, 자신감이 위축되고, 의존성이 높은 아이는 점차 자라면서 새로운 환경에 적응하지 못하기도 하고 자신의 능력을 발휘하지 못하기도 한다. 자신의 능력보다 못한 수행 능력을 보이기도 한다. 의욕을 갖고 잘하고자 하지만, 늘 자신의 기대보다 못한 결과물을 얻게 되면서 '나는 어쩔 수 없나 봐' 같은 더 깊은 수렁으로 빠진다. 처음에는 단지 자존감의 문제였다가, 여기에서 기인한 심리, 행동, 태도가 장기화되면서, 어느새 그것이 한 사람의 본질과 능력으로 굳어지게 되는 셈이다.

이렇듯 아이의 문제 행동은 단적인 행동 하나에서 멈추는 것이 아니라 다른 행동으로 변화되기도 하고 더 심해지기도 하면서 점점 탈출하기가 어려워지기도 한다.

아이가 문제 행동을 할 때에는 단순히 '말을 안 듣는 것' '애가 그럴 수도 있지'라고 가볍게 넘기지도 말고, 또 '우리 애 이제 어떡하면 좋지?' 하고 심각하게 받아들이지 않는 것이 좋다. '**지금 우리 아이를 힘들게 하는 게 무엇일까?**'를 늘 생각하면서 부모 자신이 혹시 내 아이를 힘들게 하지는 않는지부터 점검해보자. 그리고 부모인 나 자신부터 바꿔야 할 것을 실천해본다.

내 아이를 행복한 어른으로
키우는 열쇠

'자존감自尊感'은 글자 그대로 설명하면 '스스로 존중하는 마음'이다. 조금 풀어서 설명하면 '자기 자신에 대한 긍정적인 마음과 내적인 신념'이라고 할 수 있다. 자존감이 높은 사람은 '나는 사랑받고 있다. 나는 참 가치 있는 사람이다'라는 마음을 갖고 살게 된다.

어찌 보면 너무 추상적인 관념의 문제라, 자존감이 아이의 성장에 미칠 긍정적인 영향을 구체적으로 상상하는 것은 쉽지 않은 일이기도 하다.

EBS 다큐프라임 〈아이의 사생활〉을 위해 수많은 실험을 하고 취재를 하면서 우리가 거듭 의미 있게 느낀 것은, 새로운 과제나 난관이 주어졌을 때 자존감이 높은 아이와 그렇지 않은 아이의 대응 방식이 눈에 띄게 차이가 났다는 점이다.

자존감이 높은 경우, 겨우 11살에서 12살 정도의 어린 아이가

불가능한 과제임에도 불구하고 구체적으로 성공을 예상하는가 하면 혹여 성공을 예상했다가 실패하더라도 그 실패를 처리하는 자세가 남달랐다. 처음부터 이길 것을 예상했던 아이는 실제로도 이긴 경우가 많았다. 그리고 이 성공이 자기 혼자만의 힘이 아니라 팀원이 함께 노력한 덕분이라고 생각했다. 이번에도 성공했으니 다음에도 꼭 성공할 것이라고 말했다.

반면, 질 것을 예상했던 아이는 역시 게임이나 과제를 제대로 완수하지 못한 경우가 많았다. 실패한 이후에는 스스로에게 짜증을 내거나 다른 팀원을 탓하기도 했다. 다음에도 질 것이 뻔하다며 자포자기했다.

또 다른 경우도 있었다. 이길 것이라고 예상했지만 아쉽게 진 아이는 실망하거나 포기하지 않고 활동 중 문제점을 찾아내고 보완하여 다음에는 이길 것을 다짐했다. 질 것을 예상했는데 승리를 거둔 한 아이는, 다음에는 왠지 질 것 같다며 자신 없게 웃었다. 50%의 확률을 놓고 이길 것 같다고 말하는 아이와 50% 확률이기 때문에 질 것 같다고 말하는 아이 등 아이마다 생각의 차이를 보였다. 이 아이들이 지금 갖는 생각의 차이는 단지 '자기 자신에 대한 긍정적인 자신감', 즉 자존감에서 비롯된 것이었다.

자존감의 의미와 그것이 아이 인생에 끼칠 파급효과를 생각하면 **자존감이야말로 학력지상주의, 성적지상주의가 판을 치는**

우리 사회에서 내 아이를 '행복한 어른으로 키우는 열쇠'라고 확신하게 된다. 여기서 '행복한 어른'은 사회적 능력이 뒤처진 사람이 소소한 생활의 즐거움을 위로 삼으며 느끼는 자기만족이나 자기위안과는 다르다. 자존감을 통해, 아이는 타인에게 공감하고 배려하는 소통 방식을 터득하게 되고, 어려운 난관을 극복할 수 있는 끈기와 문제해결능력을 얻게 되며, 누구보다 성공에 대한 확신과 의지를 갖게 된다. 또한 이로 인해 우리 사회의 가장 이상적인 리더의 역할을 수행하고 부모가 그토록 바라는 '성공과 행복'을 아이에게 가져다준다.

우리가 방송에서 만났던 수많은 전문가들과 아이들 그리고 실험을 통해 알게된 여러 가지 결과를 통해, 아이를 어떻게 키워야 자존감을 높일 수 있을지에 대해 로드맵이 그려졌다. 그러면서 우리는 부모로서 '아이의 자존감, 어떻게 키울까' 고민하게 되었다. 무조건 아이에게 최고라고 칭찬해야 할까? 넌 잘하고 있다고 추켜세워야 할까? 아이에게 "좀 아쉽구나" "더 노력하자" "그건 안 될 것 같구나" 하면 아이의 자존감에 상처가 될까?

더 노력하라는 뜻에서 아이가 이뤄낸 결과를 폄하하고, 어리다는 이유로 아이의 욕구를 매번 자제시키다보면 자존감에 부정적인 영향을 미칠 수도 있다. 하지만 그렇다고 해서 무조건 아이가 하고 싶은 대로 내버려둘 수도 없다. 아이의 자존감을 높여야 할 필요성에 대해서는 모두 공감하지만, 아이의 자존감을 높이는 부모의 양육 태도에 대해서는 고개를 갸우뚱할 수밖에 없는 것이다. 어찌보면 현재 내 아이의 모습, 심지어 여러 문제 행동들도 이제까지 부모의 양육 태도가 가져온 결과물일 수 있다.

이 책에서 우리는 자존감이 형성되는 과정에 있는 아이들의 행동, 혹은 자존감이 부족해서 나타나는 여러 가지 행동들을 살펴보고자 한다. 여기에서 우리가 알아야 할 것은, '당신의 아이는 이래서 문제다'라는 것이 아니다. **부모로서 양육 태도를 되짚어 보고, 아이의 자존감을 높일 수 있는 방법은 없는지 발견해보자**는 것이다.

변할 수 있는 아이의 자존감

아이가 유아기를 지나 아동기에 접어들었다면 자존감 형성이 끝난 걸까? 지금 현재 매사 자신감이 없고, 주눅 들어 있으며, 문제 행동만 일삼는 초등생 아이는 평생 자존감이 낮은 상태로 살아야 하는 걸까?

다행스럽게도 **유아기는 자존감이 형성되는 시기이기는 하지만 자존감이 완성되는 시기는 아니다.** 어린아이는 대부분 자기중심적이어서 자신을 지나치게 긍정적으로 평가하기 때문이다. 유아기 아이들이 늘 부모의 평가에 연연하며 칭찬과 특별대우를 받기 원하고, 그렇지 못할 경우 쉽게 실망하는 것만 봐도 알 수 있다. 반면 자존감 있는 아이는 자신을 사랑하고 자신에게 만족하기 때문에 다른 사람의 평가에 연연하지 않는다. 자신의 능력이나 성공을 과시하거나 과대평가하지 않으며, 자기보다 못한 사람을 비하하거나 과소평가하지 않는다. 자신과 다른 사람의 차이를 인정하는 것이다.

전문가들은 자존감이 대체로 타인을 제대로 이해할 줄 아는 아동기에 성숙된다고 본다. 하지만 희망을 품어도 된다. 앞에서도 설명했듯이 자존감은 충분히 달라질 수 있기 때문이다. **여러 연구 결과를 보면, 유아기에는 자존감이 가장 높게 나타났다가 학교에 들어가면 다소 떨어지는 양상을 보인다.** 규칙, 친구, 일상생활 등 주변 환경이 급변하기 때문이다. 아이는 단체 생활 속에서 또래와 비교하고 경쟁하면서 자신이 제일 잘나지 않았다는 것을 깨닫는다.

초등학교 고학년 무렵이 되어서야 자존감은 낮아지거나 높아지는 대신 안정적인 경향을 보인다. 그러다 중학교나 고등학교를 거치면서 자존감은 또다시 변화의 기회를 갖는다. **교육학자 조세핀 킴에 따르면, 자존감 완성의 결정적인 시기는 있지만 그 시기는 언제든지 변할 수 있다**고 한다. 아이가 18세 고등학생이라고 해도 자존감은 달라질 수 있다. 단지, 12세보다는 18세 아이가 바뀌는 것이 조금 더 어렵고, 8세 아이보다는 12세 아이가 좀 더 어려울 뿐이다. 왜냐하면 자존감이 낮은 아이는 지금의 나이만큼 부정적인 메시지를 받으며 살아왔을 것이기 때문이다.

즉 열여덟 살의 아이라면 "너는 좋은 사람이 아니다. 가치가 없다. 능력이 없다. 중요한 사람이 아니다……" 라는 말을 18년 동안 들어왔을 테니, 그 오랜 시간 쌓아온 메시지에 도전하려면 그만큼 많은 노력이 필요하다. 하지만 언제 자기가 자기 스스로에게 부정적인 메시지를 보내는지 알아보고 그것을 긍정적으로 바꾸는 노력을 한다면 자존감은 어느 연령에서든 바뀔 수 있다.

현재 내 아이가 자신감이 없고, 자존감도 걱정된다면 주위 사람들의 노력이 절실하다. 부모는 물론 주위 사람은 아이의 긍정적인 측면을 보려고 노력하고, 아이가 잘한 것을 찾아보고 아이에게 그것을 깨우쳐주어야 한다. 또한 아이가 잘할 수 있는 쉬운 일을 찾아 자주 해보게 함으로써 성공의 경험을 늘려준다. 그렇게 해보면서 자신의 자아상이 조금씩 긍정적으로 바뀔 것이다.

자신감이 없는 아이들은 대체로 무엇이든 스스로 잘 결정하지 못하는 경향이 있다. 이런 아이들에게는 스스로 선택할 수 있는 기회를 만들어줄 필요가 있다.

처음부터 선택의 폭이 너무 넓으면 아이가 움츠러들 수도 있으므로, 처음에는 세 가지 중에서 고르게 하고, 점점 그 가짓수를 늘려가는 것이 좋다. 물건을 사러 가거나 산책을 할 때 눈에 보이는 것 중 무엇을 좋아하는지 넌지시 한 번씩 물어보는 것도 좋다. **선택을 하는 것은 자신의 의사를 말하는 연습의 하나이며 또한 자신감을 키워주는 또 다른 방법이다.**

물론 아이가 잘하게 되면 칭찬과 격려도 아끼지 말아야 한다.

밝은 미소를 지으며 머리를 쓰다듬어주거나 껴안아주거나 "지난번보다 훨씬 나아졌는걸. 참 잘했어"라고 말해준다. 부모의 따뜻한 칭찬과 격려는 아이의 자신감을 회복시키는 데 어떤 보상보다 효과적이다.

아이의 자신감이나 자존감이 외부 자극에 흔들리지 않도록 하는 것도 중요하다. 여기에는 이전에 갖춰놓은 자존감이 결정적 영향을 미친다. 어린 시절의 긍정적인 경험은 자존감 형성의 발판이 되지만, 이후 주변 상황에 따라 자존감이 높아지기도 하고 낮아지기도 한다. 따라서 아이에게 긍정적인 반응을 보이고 공감을 보여주는 행동은 자존감이 굳건하게, 탄탄하게 다져졌다고 보일 때까지 꾸준히 지속해야 한다.

✳ ✳ ✳
자존심과 자존감의 차이

우리는 종종 자존심과 자존감의 개념을 혼동한다. 자존감은 스스로 자自, 높을 존尊, 즉 스스로를 귀하게 여기는 감정이다. 자존심 또한 사전적인 의미로 볼 때 같은 한자를 쓰기 때문에 두 단어를 같은 단어인양 오해하기도 한다. 하지만 관습적으로 쓰이는 자존심은 '굽히지 않으려는 의지' '다른 사람과 자신을 비교했을 때 존중받고 싶어 하는 마음'을 전제로 한다. 자존심은 항상 무언가와 비교 대상이 있는 것이다. 많이 가진 사람, 더 많이 성취한 사람, 더 예쁜 사람, 더 똑똑한 사람 등 비교의 의미가 있기 때문에 **자존심이 너무 강하다보면 '열등감'이라는 부작용을 가져오기도 한다.**

이에 비해 **자존감은 자기 자신의 고유한 가치에 관심을 갖는다.** 자기 존중, 자기 존경, 자기 사랑을 의미하기 때문에 남들과 비교하여 우월감을 갖는다거나 열등감을 갖지 않는다. 자신을 있는 그대로 인정할 줄 알고, 있는 그대로의 자기 모습을 사랑할 줄 아는 정서이다. 자신의 장점을 자랑스러워하는 것처럼, 자신의 단점은 부끄러워할 줄 알고 그것을 흔쾌히 극복하려는 노력도 할 줄 안다. 항상 긍정적이고, '최고'가 아니더라도 당당하게 행동한다. 반면 **자존심이 높은 사람은 '실패'하면 좌절하고, 그 실패의 원인을 자기 자신이 아닌 다른 사람의 탓으로 돌리고 싶어 한다. 자존감이 높은 사람은 '실패'를 경험했더라도 솔직히 인정하고 받아들인다.** 또한 자존심이 높은 사람은 자신보다 능력이 없는 사람을 무시하지만, 자존감이 높은 사람은 자신보다 능력이 없거나 실패한 사람도 존중할 줄 안다. 그렇기 때문에 우리는 내 아이를 자존심이 높은 아이가 아니라 자존감이 높은 아이로 키우려고 노력해야 한다.

간혹 아이의 자존감을 키우기 위해서 "아이의 의사를 존중해라, 사랑으로 대해라. 긍정적으로 대해라. 자율성을 주어라"라는 말을 무조건 아이가 하고 싶은 대로 내버려두라는 말로 오해하기도 한다. 아이에게 'No'라고 말하면 아이의 자존감이 손상될지도 모른다고 불안해한다. **자존감을 높이는 데 좋지 않은 양육 태도에는 아이의 의사와 상관없이 부모의 의도대로 아이를 몰고 가는 태도도 있지만, 무조건 아이가 해달라는 대로 다 해주고 마는 과잉보호도 해당된다.** 아이가 주도적인 태도를 가지게 하되, 그것이 사회의 규칙이나 다른 사람에게 피해를 주는 것이라면 마땅히 그 점에 대해 가르쳐주어야 한다. 또한 아이가 자신을 왜곡되게 인식하지 않도록 해주는 것도 중요하다. 자존감을 높이려고 무조건 자아를 잔뜩 부풀리고 사실과 무관한데도 칭찬을 일삼는 것은 바람직하지 않다. 가령 축구에 전혀 재능이 없는 아이를 무조건 치켜세워 최고의 축구선수라고 말하는 것은 바람직하지 않다. 아이는 부모의 말만 믿고 자신이 축구에 재능이 있고 잘한다고 생각한다. 하지만 나중에 자신보다 월등히 축구를 잘하는 친구를 만나게 되었을 때, 아이는 자신에 대한 실망감이 일반적인 경우보다 훨씬 클 수 있다. 그리고 부모에 대한 신뢰감에도 금이 갈 수 있다. 가장 이상적인 상황은 아이가 지닌 재능보다 아이의 노력에 초점을 맞추어 이야기해주는 것이다. 예를 들어 "지금까지 했던 것 중에 오늘 가장 열심히 했구나. 훌륭해"라고 말한다. 노력을 칭찬받은 아이는, 좋은 결과가 꾸준한 노력 덕분이었다는 것도 배우고 다른 일에서도 최선을 다하게 된다. **노력의 효과를 아는 아이는 성공을 값지게 받아들이고 또 다른 성공을 준비하고, 실패하더라도 그것을 성공을 위한 디딤돌로 삼는다.** 그렇게 함으로써 결과적으로 성취도가 높아지고 결국에는 성공을 거머쥘 수 있다.

✳ ✳ ✳

인정해야 할 자율성, 엄격해야 할 규칙

돌이 지나 만 3세까지는 '자율성' '독립심' 등이 자존감에 영향을 미친다. 이 또래의 아이를 둔 부모는 갑자기 쏟아져 나오는 "싫어" "안 해"에 다소 충격을 받기도 한다. 아이의 행동을 부모에 대한 반항이나 거부로 오해하기도 한다. 사실 3세까지는 아이 인생을 통틀어 모든 영역의 발달이 폭발적으로 이뤄지는 복잡하고 중요한 시기라고 볼 수 있다.

이전에는 요구나 불만이 있어도 울음으로밖에 표현할 수 없었지만, 이제는 말을 할 수 있게 되었다. 또 주양육자에게 절대적으로 의존해서 움직였다면, 이제는 스스로의 힘으로 움직이고 이동한다. 단순히 움직이는 것뿐 아니라 무엇인가를 조작하고 만들어낼 수도 있다. 아이는 스스로 해낼 수 있는 것들이 많아지자 솟아오르는 자신감에 "나에게 힘이 생겼어요" "나도 생각하고 움직일 수 있어요"라고 말하고 싶어 한다. 그래서 자기 힘을 자랑하고 자기 생각을 자랑하는 일이 일어나는 것이다. "싫어" "안 해"라는 말은 반항이 아니라 아이의 자율성과 독립심이 자랐다는 것을 의미한다.

아이가 독립심과 자율성을 얻게 되면 부모는 기쁨과 힘듦을 동시에 겪는다. 아이가 자꾸 사고를 치기 때문이다. 밥도 자기가 먹는다고 고집을 피워서 내버려두면 여기저기 다 흘려놓고, 물도 혼자 따르다가 엎지르기 일쑤다. 또 무엇인가 하자고 하면 "안 해" "싫어"를 입에 달고 사니 부모의 불만과 걱정, 뒤치다꺼리도 많아진다. 부모는 이대로 내버려두어야 할지, 아니면 아이의 고집을 잡아야 할지 고민스럽다.

여기서 주양육자의 양육 태도는 두 가지 형태로 나뉘게 된다. 우선 첫 번째는 "하긴 네가 뭘 해!" 하면서 아이의 자율성을 빼앗는 것이다. 두 번째는 "그래 네 마음대로 해봐라" 하고 아무런 제한을 두지 않는 것이다. 두 번째의 경우 그 무렵 아이에게 자율성이 형성된다는 것을 알고 하는 행동이지만, 무조건적인 방임이 아이의 자율성 발달에 좋은 것만은 아니다. 가장 필요한 양육 태도의 핵심은 아이의 자율성을 최대한 존중해주되, 되는 것과 안 되는 것의 경계를 명확히 가르쳐주는 것이다. 이것은 아이의 자존감과 바로 연결되는 중요한 양육 태도이다.

심리학자 쿠퍼스미스는 자존감이 높은 아이의 부모와 낮은 아이의 부모를 비교하여 설명한 적이 있다.

자존감이 높은 아이의 부모 특성을 보면 첫째, 아이에게 자주 애정 표현을 하며 아이에게 관심을 갖고 친구로 대하는 경우가 많다. 둘째, 이들은 높은 기준을 설정해놓고 아이가 이를 달성하도록 엄격히 규제한다. 셋째, 체벌을 하거나 사랑이 없는 벌은 가급적 사용하지 않는다. 훈육이 필요한 경우 아이의 특혜를 제한하거나 고립시키는 방법으로 벌을 주고, 어떤 행동의 좋고 나쁨을 아이와 함께 토론하기도 한다. 넷째, 엄격한 통제를 한다. 이것은 부모 의지대로의 통제가 아니라 아이 스스로 판단에 따라 자아 통제를 할 수 있게 돕는다. 그리하여 아이가 자기 자신에 대해서 명확하게 정의 내리게 한다.

자존감을 키워주는 데 중요하다고 알려진 양육 태도는 우리가 흔히 알고 있는 것처럼, 무조건 아이의 뜻을 받아주는 것은 아니다. 아이를 사랑으로 대하고 최대한 존중해주지만, 그것이 해서 '안 되는 일'에까지 해당되는 것은 아니라는 것이다.

그렇다면 이 시기의 아이들에게 '되는 것'과 '안 되는 것'은 무엇일까? 아이들은 자기 힘이 생기기 시작하면 이것저것 물건을 만지고, 꺼내고, 열고, 뒤집는다. 물론 이때는 아이가 마음껏 할 수 있도록 허용해주는 것이 필요하다. 지금은 아이의 인생 시간표에서 탐색의 시간이기 때문이다.

단, 안 되는 것은 아이의 안전과 생명에 위협이 되는 일이다. 위험한 것은 아이의 손에 닿지 않는 곳으로 치우고, 아이가 뒤져도 되고 쉽게 쓸 수 있는 것은 아이 눈높이에 내려서 마음껏 탐색할 수 있도록 해준다.

아이가 한껏 어지르는 것을 주양육자가 절대 못 참는 성격이라면 아예 방 하나를 '탐색의 방'으로 지정해놓는 것도 좋다. '안 되는 것'은 위험한 것, 남에게 피해를 주는 것 정도로 제한해둔다. 안 되는 것은 아무리 울고 떼를 써도 단호하게 "안 된다"라고 말해주어야 한다.

아이의 자존감을
객관적으로 살피는 방법

자존감 낮은 아이의 문제 행동에는 유형이 있다.

첫 번째는 중단하기다. 어떤 일을 하다가 "나 안 해!" 하고 자리를 옮겨버리는 행동이 대표적인 경우다. 그림을 그리다가, 체스나 바둑을 두다가, 기초 학습을 하다가 아이는 그렇게 반응한다. 질 것 같거나 못할 것 같으면 그만두거나 포기한다.

두 번째는 회피하기다. 실패할 것 같으면 아예 도전하려는 시도조차 하지 않는다. 예체능 분야를 어려워하는 아이가 "그런 걸 왜 해?" 하며 친구들을 무시하는 경우도 많고, 특정 활동에 대해 비난하는 경우가 바로 그 예다.

세 번째는 속이기다. 자존감이 낮은 아이는 정당한 방법으로 일을 수행하지 못하고 편법을 쓴다. 부모님께 거짓말을 하거나 시험 중 부정 행위를 하는 게 대표적인 예다. 이는 '나는 내 부모님 혹은 사람들을 속일 수 있다'는 비틀린 착각을 가져와 더 큰 사고를 만들기도 한다.

네 번째는 익살을 부리는 경우다. 아이는 자신의 좌절감을 감추기 위해 필요 이상으로 장난을 친다. 집에서는 얌전한데 학교에 가면 너무 까불어서 매번 주의받는 경우가 그 예다.

다섯 번째는 지배하기다. 자신이 해야 할 것을 남에게 지시하는 등 군림하려 든다. 자기 가방을 친구에게 들게 하는 아이도 있고, 친구에게 심부름을 시키는 경우도 있다.

여섯 번째는 타인을 괴롭히는 경우다. 자신의 부적절감을 감추기 위해 남을 못살게 군다. 자기보다 약한 친구를 때리거나 물건 혹은 돈을 빼앗는다.

일곱 번째는 부정하기다. 현실을 인정하지 않거나 해야 할 일의 중요성을 낮추어 말한다. "이런 연습(공부)은 필요 없어!" 하며 학습 자체를 거부하기도 하고, 시험이 내일인데, 어렵지 않다며 책조차 펼치지 않다가 결과가 낮은 이유는 자존감에 있다.

여덟 번째는 합리화하기다. 실패, 실수에 대해 외부 환경이나 다른 사람 핑계를 댄다. 자기가 그릇을 깨놓고 동생 핑계를 대거나, 나는 할 수 있는데 부모님이 못하게 해서 어쩔 수 없다는 식으로 거짓을 통해 자신을 합리화하는 모습이 그 예다.

아이가 문제 행동을 보이면, 부모는 그 행동을 어떻게 고칠까 하는 방법만 고민한다. 하지만 정작 중요한 것은 아이가 '왜' 그

런 문제 행동을 보이는가 하는 것이다.

다음의 질문을 부모 스스로 해봄으로써, 막연하게 내 아이에 대해 잘 알고 있다는 생각에서 벗어나 아이를 보다 객관적으로 관찰하는 기초를 만들어보자. 문제 행동의 원인을 찾는 데 도움이 된다.

〈아이의 문제 행동에 대한 원인 찾기〉

☐ 구체적으로 아이가 보이는 행동의 어떤 점이 문제인가?

☐ 누구 때문에 문제 행동을 일으키는 것인가?

☐ 주로 언제 문제 행동을 하나? (부모와 같이 있을 때/떨어져 있을 때)

☐ 문제 행동이 주로 일어나는 곳은 어디인가? (집/학교(유치원)/둘 다)

☐ 문제 행동을 할 때 아이는 누구와 있었나, 아니면 혼자였나?

☐ 아이가 문제 행동을 보이기 전, 어떤 특정한 일이 있지는 않았나?

☐ 아이의 문제 행동으로 가장 괴롭거나 힘든 사람은 누구인가?

☐ 가족 중 비슷한 행동을 했던 사람이 있는가?

☐ 건강에 이상이 있거나 발달에 문제가 있는 것은 아닌가?

☐ 가족의 불화, 공부, 친구 관계 등 스트레스가 될 만한 일은 없었나?

문제 행동의 원인만 찾아도 부모가 자신의 양육 태도를 점검하고 아이의 문제 행동을 교정하는 데 훨씬 효율성을 발휘할 수 있다.

아이가 문제 행동을 보일 때, 부모는 점검표를 떠올리며 아이의 상황을 생각해보자. 어떤 경우는 주양육자가 너무 예민하게 생각해 아이의 행동을 '문제 있다'고 느꼈을 수 있다.

또 다른 경우는 몇 가지 주변 여건만 바꾸어도 충분히 아이의 행동을 교정할 수 있다. **만약 적당한 원인을 찾을 수 없고 상황 판단이 되지 않는다면 전문 기관을 찾도록 한다.**

아이의 자존감
다치지 않게 혼내는 법

아이의 자존감을 높여주겠다며 무조건적인 칭찬만 해주는 것 또한 잘못된 방법이다. 물론 아이가 잘못하면 혼내주는 것은 필요하다. 단, 주의할 점은 아이의 잘못된 행동에 대해서만 혼내야 한다. **아이의 자존감이 다치지 않게 단호하게 양육하는 법**을 소개한다.

첫 번째는 화난 감정이 격해질 때는 바깥 바람 쐬기. 부모가 아이를 향해 감정적으로 화를 내면 아이는 자신이 잘못한 일보다는 부모의 무서운 얼굴만 기억에 남는다. 화가 날 때는 잠시 자리를 떠서 화를 폭발하지 않게 마음을 가라앉힌 후 아이의 잘못을 혼내도록 한다.

두 번째는 오늘의 잘못만 이야기하고 주의 주기. 많은 부모들이 아이를 혼낼 때 과거의 잘못까지 계속 들추어낸다. 어른도 나쁜 버릇을 한 번에 고치기 쉽지 않다. 아이도 마찬가지다. 같은 잘못을 했다고 하더라도 이전의 잘못까지 계속 들추어내는 것은 아이의 수치심을 자극하며 부모에게 적대적인 감정을 갖게 한다. 잘못된 점만 정확하게 짚어 그 부분에 대한 꾸지람만 간단하게 하고 끝낸다.

세 번째는 남과 비교하며 혼내지 않기다. 부모의 입을 통해 듣는 비교는 아이의 자존감을 낮추는 지름길이다. "네 동생은 안 그러는데, 너는 도대체 왜 그러는 거니?"라는 말은 그 자체로 아이의 능력을 남보다 아래에 두는 것이다. 부모에게 낮은 대접을 받은 아이의 자존감이 높을 리 만무하다. 부모는 아이에게 좋은 본을 제시하기 위해 비교하는 것이지만, 아이에게는 부모가 자신의 존재를 부정하는 것처럼 느낄 수 있다. 아이에게 엄격하게 주의를 주고 기준을 만들어주고 싶을 때는 정확하게 행동 대안을 지시한다.

네 번째는 아이를 나와 다른 사람으로 인식하기다. 아이의 실수에는 패턴이 있다. 그리고 부모는 아이의 실수에 굉장히 자주 노출된 사람이다. 그래서 부모는 때때로 아이가 어떤 때에 실수를 할지 예상하고 있다. 그때 마침 아이가 실수를 저지른다면, 어떤 부모는 "네가 그럼 그렇지"라고 아이를 비웃기도 한다. 하지만 생각해보자. 우리가 사회에서 상대방을 자주 겪어보았다는 이유로 이런 말을 한다면 어떻게 될까. 이런 말은 부모와 자식 사이의 권위를 앞세워 아이의 인격을 무시하는 행동이다. **어린 아이에게 어른이 해도 되는, 괜찮은 무시와 모욕은 없다.** 아이 또한 엄연한 독립체이며, 스스로 생각하고 판단할 수 있는 인격을 갖고 있다. 아이는 자신이 무시당한다고 여길 때 분노와 좌절감을 느낀다. 아이를 혼낼 때 잘못된 행동에만 집중해야 하는 또 다른 이유이다.

다섯 번째는 짧은 문장으로 아이 문제에 해결책을 제시하고 훈육을 끝내기다. 잘못된 것만 무조건 혼내면 아이는 어떻게 하는 것이 바람직한 방법인지 잘 모를 수 있다. 우선 아이의 잘못된 점을 지적한 후, 아이의 생각을 들어보는 것이 좋다.

부모에게 혼나기 위해 행동하는 아이는 없다. 자신의 생각을 차근차근 이야기하게 만든 후, 함께 좋은 해결 방법을 찾는다면 아이도 같은 잘못을 반복하지 않을 것이다.

게임 중독, 그리고 대화의 단절

여성가족부가 마련한 〈인터넷 중독 예방 기금 마련을 위한 기업의 역할〉 토론회에서 놀이미디어교육센터 권장희 소장이 한 발언은 충격적이었다. "게임 중독에 빠진 아이들은 전두엽의 발달이 늦어져 모든 일에 반사적이고 공격적인 성향을 보이는 짐승과 비슷한 상태로 변한다. 지금 교실에는 게임 때문에 얼굴은 사람인데, 뇌 상태는 짐승 같은 아이들이 있다"며 청소년 게임 중독에 대한 사회적인 대처 방안이 시급함을 강력하게 피력한 것이다. 이른바 '짐승 뇌 이론'이었다.

'짐승'이라는 어휘 사용에 반발심을 가진 사람들도 있었겠지만, 게임 중독으로 인해 벌어진 각종 사건, 사고를 떠올려보면 그 단어가 게임 중독을 가장 처절하면서 사실적으로 빗댄 말인 듯도 싶다.

지금도 뉴스를 보면 종종 끔찍한 사건의 이면에 게임 중독이

도사리고 있었던 경우를 볼 수 있다. 돌도 안 된 갓난아기를 집에 혼자 두고 부부가 PC방에서 게임에 몰두하는 사이 아기가 돌연 사한 것을 비롯해, 중학생이 게임을 그만하라고 꾸짖는 어머니를 살해한 일, 게임 때문에 부모와 갈등을 빚던 고등학생이 입학식 날 투신자살한 일, 게임에 빠져 집에서 부모에게 폭력을 일삼고 게임 비용을 빼앗던 아들이 아버지 신고로 구속된 일 등, 게임 중독은 한 개인을 인륜마저 저버리고 생명을 경시하는 지경에까지 이르게 했다. 만삭 부인의 살인 혐의로 조사를 받았던 의사 역시 게임 중독이었던 것이 나중에 밝혀져 충격을 안겨주었다.

아이건강국민연대는 우리나라 전체 인구의 8.8%인 약 200만 명이 인터넷 게임에 중독되어 있다고 발표했다. 그중 절반인 100만 명가량이 19세 미만 아동 청소년이라고 한다. 게임에 중독된 아동과 청소년은 충동적인 성향이 강하고, 사회적 문제 해결에서 유능감이 떨어지며, 결국 사망에 이르는 심각한 뇌질환을 갖게 된다고 경고했다.

의사들은 게임에 중독되면 인간관계가 단절되고, 수면 부족을 겪게 되며, 결국 건강에 치명적인 손상을 입는다고 말한다. 그리고 어느 순간 게임 중독자의 뇌는 마약 중독자와 뇌와 같은 상태가 된다고 경고한다.

또 일선에서 아동, 청소년을 가르치는 교사들도 컴퓨터 및 휴

대폰 게임으로 인해 수업에 지장이 있다고 입을 모은다. 한국교원단체총연합회가 전국 초중고 교사 303명을 대상으로 실시한 〈청소년 인터넷 게임 관련 교원 설문조사〉에 따르면 '학생들이 휴대폰 게임 또는 가정에서 밤늦게 게임을 함으로써 수업 결손 및 학생과의 갈등 등 폐해를 경험한 적이 있느냐'는 질문에 응답자의 79.87%(242명)가 '그렇다'고 응답했다. 또 학생들의 인터넷 게임에 대해 부모나 사회의 통제가 필요할 정도로 심각한 지경이라고 응답한 사람이 응답자의 94.39%(286명)를 차지했으며, '스스로 통제하며 큰 문제가 없다'라고 한 비율은 5.61%(17명)에 그쳤다.

게임 중독의 심각성은 아무리 말해도 지나치지 않다. 특히 자존감이 낮은 아이라면 게임에 더 잘 빠져들 수 있다. **자존감이 낮으면 스스로를 긍정하는 힘이 부족해서 자신을 증명할 수 있는 다른 것들에 쉽게 끌려가기 때문이다.** 컴퓨터 게임 중독에 빠져드는 아이도 그 원인을 잘 살펴보면 현실 세계에서의 자존감이 낮아 내 마음대로 되지 않는 좌절을 견뎌내지 못하기 때문에, 내 마음대로 조종할 수 있는 세계로 도피했다고 볼 수 있다.

전문가들은 자존감이 낮으면 쉽게 좌절하며 인내심이 부족하고, 충동적이며 집중력이 낮고, 우울감과 열등감이 커진다고 공통적으로 이야기한다. 마음이 건강하지 못한 만큼, 잘못된 선택을 할 확률도 높다.

결국 자존감이 낮은 아이는 자신이 보잘것없게 느껴지는 현실 세계가 아니라, 온라인 친구와 채팅을 하며, 자신의 파워를 게임 능력치로 마음껏 발산할 수 있는 가상 세계를 더 즐겁고 행복하게 여긴다. 게임의 세계에서는 캐릭터가 자신을 대신하고, 아이템이 많으면 부러움의 대상이 되고, 경험치가 높으면 인정을 받기 때문이다.

아이가 게임에 빠지게 되면 가족간의 친밀감이나 대화가 줄어들게 된다. 반대의 경우도 있다. 가족간의 유대감이나 친밀감이 없고 대화가 단절된 가정에서 자란 아이가 게임에 빠질 위험이 더 높다. 전문가들은, 인터넷 게임 중독에 빠지는 아동, 청소년들은 부모와의 친밀도가 그렇지 않은 경우보다 많이 부족하며, 이들의 게임 중독을 치료하려면, 해당 아이뿐 아니라 아이의 부모 및 가족들을 대상으로 애착 증진을 위한 가족 치료 등 다양한 방법으로 접근해야 한다고 말한다.

우리는 내 아이와 얼마나 많은 대화를 나눌까? 요즘에는 사람과 사람 간의 대화를 방해하는 기기들이 너무나 많다. 사람들과 밥을 먹고, 차 한 잔 즐기기 위해 한자리에 모이면 어김없이 한 손에 스마트폰을 꺼내들고 자기만의 세계에 빠져든다. 두 친구가 나란히 앉아 대화 한마디 없이 자신의 핸드폰에 열중하는 모습을 보면 어처구니없을 때도 있다. 다양한 친구들과 소통을 하겠다고, 지금 내 앞에 대면하고 있는 가까운 친구와의 소통을 제쳐두는 것이다.

부모와 자녀 간에는 어떨까? 아이는 초등학교에 입학하기 전부터 이미 유치원에, 학원 두어 곳을 다니며 어른들 못지않은 하루 일정을 소화한다. 집에 돌아와도 거실에는 늘 TV가 왕왕 떠들고 있다. 아이는 닌텐도 게임기를 손에 쥔 채 밥을 먹을 정도이다. 아빠는 회사일 때문에 아이가 잠들고 나서야 들어온다. 주양육자는 늘 육아와 가사노동으로 지쳐 있다. 우리는 책과 방송 프로그램을 준비하는 과정에서 온 가족이 이야기꽃을 피우며 함께 식사하는 평균 횟수가 일주일에 한두 번 정도임을 알게 되었다.

아이의 자존감은 저절로 자라지 않는다. 화분에 물을 주듯이 갓난아기 때부터 부모와 아이가 서로 상호작용을 하며 서서히 키워야 한다. **아이와 대화하지 않는 부모는, 아이의 마음을 읽을 수도 없고 아이가 놓여 있는 상황에 대해 제대로 이해할 수 없다.** 대화를 통해 아이의 마음을 읽기 위해서는 저 혼자 말하는 부모보다 **아이가 이야기를 할 수 있도록 질문을 던져주는 부모가 되어야 한다.** 즉 일방적인 내용 전달이 아니라, 상호간의 소통을 해야 한다.

아이가 학교에서 돌아왔을 때 "잘 다녀왔어?" 하고 묻는다. 이 질문은 일상적 인사말일 수는 있지만 아이의 이야기를 유도하는 질문은 아니다. 이 질문에 아이의 대답은 "네!" 한마디면 끝나는 것이다. "오늘 미술 시간에 찰흙으로 무엇을 만들었니?" "과학 시간에 재미있는 사실 발견한 거 없어?" 등 좀 더 아이의 그날 상황에 맞는 구체적인 질문을 던져야 아이는 이야기보따리를 풀어놓을 수 있다. 더불어 아이가 말할 때에는 항상 부모가 자신의 말에 집중하고 있다는 태도를 보여주어야 한다. 아이와 눈을 맞추고, 호응을 해주며, 그 이야기 속에 궁금한 점을 찾아 또 질문을 던지면 이야기의 맥이 끊어지지 않고 흐르는 물처럼 자연스럽게 이어질 수 있다.

아이와 대화를 많이 나누는 일은 부모의 사랑을 전하는 방법이다. 엄마 아빠는 나에게 관심이 많구나, 엄마 아빠는 나를 소중히 생각하는구나 하는 생각을 갖게 하는 것이 대화의 목적이다. 아이가 부모의 관심과 애정을 듬뿍 받는다고 느껴야, 자기 자신을 사랑받을 만한 가치가 있다고 느끼게 된다. 이것이 곧 자존감이다.

아이가 게임 중독인지
확인하는 방법

전문 기관의 진단을 받지 않아도 주양육자가 임의로 체크해볼 수 있다.

아이에게 더 많은 관심과 사랑을 줌으로써 아이를 게임 바깥으로 데리고 와야 할 것이다. 무엇을 좋아하는지, 어려움은 없는지, 어느 때 행복을 느끼는지, 무엇이 하고 싶은지 등, **부모가 그 동안 묻지 않은 질문들부터 시작해보자.** 이 노력이 아이를 게임의 바깥으로 옮겨오게 하고, 게임과 현실을 균형 있게 지내게 하는 데 기초가 된다.

양육자가 보기에도 내 아이가 많은 항목에 포함된다면, 게임에서 차츰 멀어지기 위해 각별한 노력을 기울여야 한다. 부모의 노력으로 아이가 게임에서 벗어나는 것이 어렵다면 전문기관의 도움을 받아도 좋다. 한국정보화진흥원 사이트(www.iapc.or.kr)에서는 유아, 아동, 청소년의 게임 중독 진단과 상담이 가능하다.

〈게임 중독 여부를 확인하는 문답〉

☐ 어느새 게임 때문에 아이를 자주 혼내게 된다. (네/아니오)

☐ 게임하는 중에 말을 걸거나 멈추게 하면 심하게 화를 낸다. (네/아니오)

☐ 아이가 하는 얘기의 대다수가 게임과 관련 있거나 게임 용어이다. (네/아니오)

☐ 게임 1시간 더 하기 위해서라면 어떤 과제도 수행한다. (네/아니오)

☐ 게임 때문에 가족 나들이도 싫다고 하거나 중요한 일도 미룬다. (네/아니오)

☐ 방문을 잠그고 몰래 게임하다 들킨 적이 많다. (네/아니오)

☐ 게임 외에 다른 놀이나 활동은 거의 하지 않는다. (네/아니오)

전문가 상담이 필요한 순간

아이의 행동이 이상하다는 생각이 들지만 이로 인해 전문기관을 찾아야 할지 갈등이 될 것이다. '아닐 거야' 생각할 수도 있고, 아주 모른 채로 시간이 지날 수도 있다. 사소한 아이 행동이라도 주양육자가 모르는 문제가 잠재되어 있을 수 있다.

다음과 같은 경우를 보이면 전문 기관을 찾아 아이 행동의 원인이나 이유를 알아보고 문제점을 해결할 수 있도록 노력해야 한다.

아이는 **또래에 맞지 않는 발달**을 보일 수 있다. 주로 유아기에 나타날 수 있는 문제 행동인데, 심리, 정서 상태에 기인하기보다 발달지연이나 발달장애 등의 문제일 수 있다. 운동, 언어, 인지, 정서 등의 발달이 또래보다 뒤떨어지거나 특이한 반응을 보인다면 전문 기관에서 발달 검사를 받아보자. 당장 정신건강의학과 방문이 두렵다면 소아과 전문의를 찾아가 상담을 해보는 방법도 있다.

아이는 일반적이지 않은 감정 표현이나 행동을 할 수 있다. 동일한 상황에서 모두가 울거나 웃는 반응을 보일 때 전혀 감정적인 반응이 없거나 다른 반응을 보이는 경우, 혹은 머리를 까딱이거나 손을 퍼덕이는 등 이상하고 비정상적인 행동을 반복하는 경우 상담이 필요하다.

아이가 **다른 사람과 순조롭지 못한 대인 관계와 의사소통으로 어려움을 겪을 수 있다.** 말이나 행동으로 하는 전반적인 의사소통에 문제가 있는 경우이다. 사회적 반응이나 행동, 즉 다른 사람이 즐거워할 때 함께 즐거워하지 못한다면 대인 관계에 문제가 생길 수 있다. 눈을 마주치지 못하는 것도 이에 포함된다.

아이가 **불안감이나 우울 등 정서적으로 불안정**할 수 있다. 심리적인 압박을 받는 것처럼 늘 불안하거나 우울한 경우, 재미있는 것을 봐도 금세 정색을 하고 다시 침울해지는 경우, 감정의 기복이 심한 경우, 다른 사람의 일에 관심이 없고 자신만의 세계에 빠져 있는 듯 보이는 경우에도 예의 주시해야 한다.

아이가 **외부 자극에 지나치게 과민하거나 아예 반응이 없을 때**에도 전문가를 찾아가야 한다. 사소한 일에도 분노나 폭력 등 극단적인 감정 표현을 하는 경우, 혹은 감정적 동요가 큰 일이 벌어졌을 때에도 놀라거나 슬프거나 기쁜 기색이 전혀 없는 경우에도 상담이 필요하다.

아이가 **갑작스럽게 정서, 행동, 기질적으로 변화**를 보일 수 있다. 아이의 행동이나 감정 표현 등이 이전과 판이하게 달라졌을 경우에도 관심을 갖고 지켜본다.

> **사례**

친구에게 지는 것이 익숙한 아이

영진과 수빈은 같은 아파트 단지에 사는 친구다. 어린이집과 유치원에서는 늘 같은 반이었고, 우연찮게 초등학교 1학년 때에도 같은 반이 되었다. 영진 엄마는 어릴 때부터 각별한 소꿉친구가 있는 것이 행복한 일이라고 생각했다. 남자아이인 영진이의 성격이 얌전해서 둘이 싸울 일도 별로 없고 둘만 남겨두어도 재미있게 잘 노는 듯했다. 그런데 학교에 들어가서 약간의 우열 관계를 따지게 되니 조금씩 영진이가 수빈에게 주눅 들어 있는 게 보이는 것 같았다. 독서왕 경쟁도 그렇고, 받아쓰기도 그렇고, 학력평가에서도 그런 기운이 느껴졌다. 어느 날은 둘이서 게임을 하고 있는데 간식을 주기 위해 들어갔던 영진 엄마는 깜짝 놀랐다. "그렇지 뭐, 설마 내가 너를 이기겠어?" 하며 영진이 수빈에게 농담처럼 얘기하는 것이었다.

영진이는 사실 아무 의미 없이 농담처럼 한 말일 수 있다. 하지만 부모의 입장에서는 이것이 습관처럼 입에 붙게 되어 자신의 능력을 폄하하고 별 볼일 없는 사람으로 여기게 되는 것은 아닐까 걱정이 된다. 실제로 우리 주변에서는 자신을 보잘것없는 아이로 생각하는, 열패감에 사로잡힌 아이를 종종 볼 수 있다. "난 못해!" "나 원래 그래" "내가 그렇지 뭐" "내가 이걸 어떻게 해?" 하는 말들을 입에 달고 산다. 이런 아이들 역시 어렸을 때 부모의 양육 방식에서 많은 영향을 받은 것이다. 부모가 아이에게 '성공의 경험'을 많이 만들어주지 못했거나 '칭찬의 기술'을 제대로 쓰지 못한 탓이 크다.

몇 번이고 되풀이하는 이야기이지만, 아이에게 자존감을 심어줄 때 가장 중요한 것은 성공에 대한 경험이다. 아이에게 수행해야 할 과제가 있고, 스스로 노력해서 마침내 해결했던 경험, 자신이 이뤄놓은 결과에 대해 부모로부터 칭찬을 듣고 스스로도 자신을 뿌듯하게 생각했던 경험, 이런 것들이 아이의 성장 과정 속에서, 일상적으로 이루어져야 자존감이 높은 아이가 되는 것이다. 무엇보다 아이에게는 '나는 이길 수 있다' '나는 잘해낼 수 있다'는 자신감이 필요하다. 아이가 시작도 해보지 않고 미리 승패를 예측해 '나는 질 것'이라고 생각하면 질 수 밖에 없다.

실제로 영진이 수빈에게 열등의식을 느낄 수도 있다. 어려서부터 수빈과 어울려 다니며 서로 비교 대상이 될 수밖에 없었다. 어느 순간 영진이는 무엇이든지 잘하고 이기기만 하는 친구 때문에 '이제 수빈에게는 이길 수 없다, 늘 수빈이가 이긴다'라는 생각을 당연한 것처럼 받아들일지 모른다. 문제에 맞서기 전 패배감부터 갖고 있는 아이라면 문제해결능력이 뛰어날 리 없다.

하지만 이제 시작해도 늦지 않다. 영진의 자존감을 높이기 위해 생활 속에서 몇 가지 변화만 시도해도 된다.

먼저 더 많은 친구와 어울릴 필요가 있다. 이런 문제는 아이가 학년이 올라가고 이성에 대해 좀 더 민감하게 느끼게 되면 차츰 수빈 외에도 다양한 친구들을 많이 사귀게 되어 자연스럽게 해결된다. 실제로 수빈이가 능력이 탁월한 아이일 수도 있는데, 무조건 수빈이를 이겨야 한다고 아이에게 그릇된 목표를 심어주는 것은 금물이다. 여러 친구들을 사귀다 보면 그중에는 자기보다 능력이 뒤떨어지는 아이도 있고, 더 뛰어난 아이도 있음을 발견하게 될 것이다. 또 어떤 아이는 축구를 잘하고, 다른 아이는 그림을 잘 그리고, 또 다른 아이는 친구들을 웃기는 재주가 있음을 알게 될 것이다. 그리고 모든 사람들에게는 자신이 가장 잘하는 것들이 하나씩 있고, 이런 재능이 그 사람을 빛나게 한다는 점도 깨닫게 될 것이다.

부모의 역할 또한 중요하다. 지금 영진에게는 그동안 잘해왔으며 지금도 잘하고 있고 앞으로도 잘해낼 것이라는 격려와 칭찬이 필요하다. 영진이 자신만이 가진 장점은 무엇인지 알아챌 수 있도록 가족들은 칭찬을 아끼지 않아야 한다.

칭찬의 기술 중에 가장 좋은 것이 있는데, 바로 제3자가 칭찬한 것을 당사자에게 전하는 것이다.

"선생님이 그러시는데, 네가 어려운 한자를 알고 있어서 깜짝 놀라셨대."

"우리 성원이, 요새 반찬 골고루 먹는다고 부모님이 기특하다고 하시더라."

"부모님이 그러는데 우리 아들이 요즘 아침에 깨우지 않는데도 잘 일어난다며?"

칭찬 속에 아이가 자기 스스로에 대해 자긍심을 가질 만한 내용이 담겨 있으면 더 좋다. 아이가 자신을 긍정적으로 바라볼 때 어려운 과제에 도전할 자신감도 서서히 회복된다.

사례

자꾸 부모에게 묻고 의존하는 아이

초등학교 3학년인 연서는 주양육자가 없으면 아무것도 하지 못한다. 숙제를 할 때는 부모에게 "이건 어떻게 하지?" 하며 종일 물어보는 것이 일. 심지어 일기 주제를 정해주는 것도 부모 몫, 어떤 내용으로 써야 할지 줄거리를 불러주는 것도 부모의 몫이다. 친구 생일 선물을 사러 나가서도, 갈아입을 옷을 고를 때에도 연서는 연신 "어떤 것으로 하지? 정해줘" 하며 묻는다. 어느 날 연서의 할머니가 쓰러져서 2시간가량 연서의 부모가 아이만 집에 남겨둔 채 병원에 다녀온 일이 있었다. 그 사이 연서는 옷도 갈아입지 않고, 숙제도 하지 않고, 간식도 먹지 않은 채 거실에 앉아 TV만 보고 있었다. 연서가 정말 주양육자가 없으면 아무것도 못하는 아이인지 슬슬 걱정되기 시작했다.

무엇이든지 스스로 해볼 수 있는 기회가 없었던 아이는 결국 마마보이나 마마걸이 될 수밖에 없다. 부모 눈에는 마냥 아이가 연약하고 부족해 보여 거들어주는 것뿐이라고 생각할 수 있지만, 결국에는 아이의 모든 것을 주양육자가 대신하고 아이 역시 이런 것에 익숙해져 버리게 된다. 요새는 캥거루가 주머니에 아기 캥거루를 넣어 키우는 것에 빗대어 '캥거루 키드'라고 부르기도 한다. 이렇게 무엇이든 부모에 의존하는 아이는 자신감은 물론 자존감의 기본 요소인 문제해결 능력이나 리더십 등에서도 제 능력을 충분히 발휘하기 힘들다. **하지만 아이의 능력을 고민하기 전에 부모의 양육 태도부터 고민해볼 필요가 있다.**

아이가 만 5세 이후가 되어 초등학교에 입학하는 것은, 그 시기 아이의 발달이 단체 생활에 익숙해질 수 있는 정도이기 때문이다. 40분 수업 시간 동안 잘 앉아 있을 수 있고, 선생님의 말씀이나 학교 규칙을 잘 따르고, 친구들과 놀이나 대화 등으로 어울릴 수 있고, 운필 능력이 있으며, 스스로 밥을 먹고, 어른의 지시에 따라 심부름을 곧잘 한다. 아이는 얼마든지 저 혼자서 많은 일을 할 수 있을 만큼 자랐다. 그럼에도 불구하고 아이가 집에 돌아와 의존적인 태도를 보인다면 집안의 양육 환경에서 문제를 찾아야 한다. 아이가 안쓰러워 보여 무엇이든지 미리 챙겨주었던 부모(익애형), 아이의 능력을 무시해 강압적인 태도로 일관했던 부모(지배형), 반대로 맞벌이이거나 아이에 대한 기대치가 높아 아이가 빨리 독립적이길 바라는 부모(과잉기대형) 등이 아이를 의존적으로 만들 수 있다.

아이의 의존적인 태도를 고치기 위해서는 우선 부모의 양육 방식부터 점검해보아야 한다. **이제까지 너무 많은 것들을 주양육자가 해결해준 것은 아닌지, 아이를 부모의 뜻에 따라 마구 휘둘러 아이의 자율성을 빼앗은 것은 아닌지, 아직은 어린 아이한테 너무 많은 것을 기대해 심리적으로 위축, 의존하게 만든 건 아닌지 등을 생각해본다. 그러고 나서 서서히 아이의 의존적 태도를 고치기 위한 노력을 시도한다.**

우리 주변에는 아이의 능력을 과소평가하고 모든 일을 자신이 해줘야 직성이 풀리는 부모가 많다. 아이가 자발적 혹은 자율적으로 어떤 것을 시도하다가 실수하는 것을 참지 못하고 자꾸 참견을 하게 된다. 이 경우 아이는 부모로부터 독립하려는 마음과 부모에게 의존하고픈 마음을 동시에 느낀다. 아이의 자율성과 책임감은 새로운 것을 시도하고, 그 과정 중에 실수와 성공을 반복 경험함으로써 견고해지는 것이다. "넌 공부만 해, 나머지는 우리가 다 해줄게" 하는 요즘의 사고방식이 '엄마, 아빠가 해주겠지' 하는 기대심리 속에 책임감 없고 의존적인 어른을 양산하는 것이다.

그렇다고 아이가 의존적인 모습을 보일 때 단번에 고치려 들다가는 오히려 부작용을 낳을 수 있다. 이제까지 모든 것을 해결해주던 엄마 아빠가 하루아침에 돌변해 계모처럼 행동한다면 아이는 상실감을 맛보게 될 수 있다. 우선 아이와 대화를 통해 "앞으로 이런 것들은 스스로 할 수 있도록 해보자" 하면서 아이와 목표 행동을 정하고 실천에 옮긴다. 부모가 생각하기에는 아주 간단한 일이라도 아이가 이해하지 못한다면 설득의 과정을 거쳐야 한다. 만약 아이가 무조건 싫다고 하면 적절한 보상을 마련해두는 것도 필요하다. "일주일 동안 매일 아침 7시 30분에 스스로 일어난다면 그 주 일요일에 놀이공원에 놀러 가자" 하는 식으로 아이가 도전해보고 싶은 마음이 들도록 약속을 정한다. 아이가 약속대로 목표를 완수했다면 아낌없는 칭찬을 해보자. 아이는 놀이공원도 좋아하지만 엄마 아빠의 칭찬과 격려에 더 기분이 좋아지고 앞으로 자기 스스로 할 수 있는 기회를 더 얻고 싶어 할 수 있다. 목표 행동을 정할 때에는 일상생활 속에서 아이가 가장 쉽게 스스로 할 수 있는 항목부터 골라 시작하는 것이 좋다. 가령 밥을 스스로 먹는다든가, 양치질을 혼자 해본다든가, 학교 가방을 챙긴다든가 하는 것부터 서서히 시작한다.

사례 속의 연서의 경우라면 주양육자의 무관심도 적절하게 응용해본다. 아이가 난처해하거나 대신 해달라고 할 때마다 주양육자는 그것이 부모의 역할인 줄 알고 무조건 달려가서 해결해주곤 했다. 주양육자가 다른 일에 몰두해 있을 때에는 연서에게 스스로 하라고 말하는 것이 좋다.

만약 주양육자가 안 도와주면 숙제를 안 하겠다, 밥을 안 먹겠다고 아이가 떼를 쓰면 "그렇게 하라"고 내버려두는 것도 좋은 방법이다. 처음에는 고집을 부리겠지만 학교에 숙제를 안 해 가거나 밥을 안 먹을 경우 그 책임을 자신이 져야 한다는 것을 알기 때문에 스스로 시도하기 위해 노력할 것이다.

무엇보다 중요한 것은 아이는 엄마 아빠의 행동과 사고를 모방하며 자란다는 것이다. 아빠가 자신은 손 하나 까딱하지 않으면서 엄마에게 이것저것 부탁하는 모습을 보인다든가, 반대로 엄마가 아빠에게 이것 해달라, 저것 해달라 요구하는 모습 등을 너무 자주 보인다면 아이 또한 은연중 이 모습을 따라 할 수 있다. 부모가 솔선수범해서 스스로 하는 모습을 보일 때 아이 역시 부모를 닮는다.

사례

남의 물건을 훔치는 아이

일곱 살 수명이가 슈퍼마켓에 다녀오는 길이었다. 수명이의 엄마는 아이 손에 쥐어 있는 막대 사탕을 보고 깜짝 놀랐다. 대뜸 "너, 이것 어디서 났어? 훔쳤어?" 하고 물었다. 아이는 처음에는 깜짝 놀라더니, 이내 "아니, 바닥에 떨어져 있던 거 주운 거야" 하고 말했다. 이렇게 수명이는 남의 물건을 곧잘 집어 왔다. 슈퍼마켓에 갈 때마다 수명이는 사탕 사달라, 과자 사달라 하며 졸랐다. 그때마다 엄마는 수명이의 버릇이 나빠질까봐 "얘가 왜 이래? 창피하게?" 하며 단호하게 거절했다. 이런 상황이 몇 차례 반복되고 난 후 언제부턴가 장보고 돌아오는 길, 수명이 손에는 늘 자잘한 군것질거리가 들려 있었다. 처음에는 화들짝 놀라 아이의 손을 잡고 다시 슈퍼마켓으로가 죄송하다며 값을 치르고 왔다. 하지만 결국 수명에겐 물건을 하나씩 꼭 집어 오는 나쁜 습관이 생기고 말았다.

만약 수명이의 나이가 만 3세 전후였으면, 이것을 훔쳤다고 보거나 도벽이라고 보기 어렵다. 만 3세 전의 아이는 자기중심적인 성향이 강하고, 소유의 개념이 명확하지 않다. 예를 들어 같은 공간 안에서 또래 아이들 두세 명이 함께 있어도 각자의 장난감을 가지고 자신만의 놀이에 빠져 있다. 열심히 무슨 말을 하는 것 같기도 한데, 이것은 대화로 연결되기보다 각자 혼잣말을 떠드는 것과 마찬가지다. 마음에 드는 장난감이 있으면 서로 갖겠다고 떼를 쓰기도 하고, 빼앗거나 훔쳐도 자신이 잘못을 저지르는 것인지 잘 모른다.

이제 일곱 살인 수명이의 경우는 약간 다르다. 일곱 살 정도면 남의 것과 나의 것을 구분할 수 있고, 남의 것을 몰래 가지는 것은 해서는 안 된다고 충분히 인지하고 있어야 할 나이다. 그리고 서너 살 아이더라도, 주양육자가 아이에게 반복적으로 설명하면 해서는 안 되는 일을 구분할 수 있다.

수명이가 이런 행동을 하게 된 이유 중 하나로 부모의 양육 태도를 이야기할 수 있다. 무관심한 부모일 경우 아이가 부모의 관심과 애정을 받고 싶거나, 애정 결핍으로 욕구불만을 느껴 다른 것으로 대리만족을 하려는 경향도 있다. 반대로 과잉보호형 부모인 경우 무엇이든 오냐오냐 하는 바람에 아이의 충동과 욕구를 자제하지 못하게 만들 수 있다. 강압적인 부모인 경우라면 아이가 부모에 대한 반항이나 보복 심리로 물건을 훔칠 수도 있다.

수명이의 주양육자의 경우 아이가 사탕이나 껌 등을 사달라고 할 때 아이의 버릇이 나빠질까봐 단호하게 거절하고 사람들 앞에서 아이에게 무안과 면박을 주는 실수를 했다. 노출된 장소에서 아이가 떼를 쓰거나 조른다고, '창피하다'고 말한 것이다. 수명이는 부모님이 자신을 부끄럽고 창피한 존재로 여긴다고 생각할 수 있다.

아직은 어린 나이였음에도, 주양육자의 반복되는 거부, 창피하다는 말 등은 아이에게 상처가 될 수 있다. 아이가 장을 볼 때마다 간식을 사달라고 조른다면, 집을 나서기 전 아이와 함께 구입해야 할 목록을 정하면서 "오늘 우리가 사야 할 것들이란다. 너를 위해 우유도 사고, 딸기도 살 거란다" 하며 미리 알려준다. 만일 장을 보는 중에 아이가 이것도 사달라, 저것도 사달라고 하면 "수명이가 핫도그가 먹고 싶구나. 어떡하지? 이것은 우리가 사기로 약속한 게 아닌데. 대신 다음에 올 때에는 수명이가 먹고 싶은 핫도그도 적어 오자. 집에 가면 딸기주스 만들어줄게" 하는 식으로 다음 약속을 정하는 것이 좋다. 아이는 처음에 자신이 약속한 사실을 기억해내게 되고, 다음 약속까지 기다리는 참을성과 자제력도 배우게 된다.

또 하나, 주양육자는 아이가 물건을 몰래 집어 왔을 때 "어떻게 사탕이 네 손에 들려 있니?" 하고 물은 것이 아니라, "훔쳤냐"

고 극단적인 표현을 써서 질문을 했다. 주양육자가 못 보는 사이, 슈퍼마켓 주인이 예쁘다고 하나 쥐어줬을 수도 있는데, 주양육자는 아이를 '훔쳤다'고 몰아댔다. 아이가 "바닥에 떨어진 것을 주워 왔다"며 변명하는 것은 어찌 보면 당연한 상황이다. 더 나아가 아이는 '엄마랑 아빠는 날 물건을 훔치는 나쁜 아이라고 여기는구나' 하며 상처를 받을 수 있다. 이것이 아이의 자존감에 치명상이 됨은 당연한다. 주양육자는 '어떻게' '왜' 아이가 사탕을 갖고 있는지부터 물었어야 했고, 다시 슈퍼마켓으로 돌아가 값을 치르고, 돈을 내지 않고 집어 오는 것은 사회적 약속을 어기는 것임을 알려주어야 했다.

아이가 습관적으로 남의 물건을 집어 오는 것은, 부모의 양육 태도가 위험 수위에 있다는 것에 대한 신호이다. 바늘 도둑이 소 도둑 될 것 같아 부모가 받는 충격도 만만치 않겠지만, 문제 행동을 교정하고 자존감을 키우기 위해서는 부모 또한 침착하고 현명하게 대처하는 지혜가 필요하다.

STEP 2.

성장하는 아이를 위한 행복을 이해하기

✱ ✱ ✱
성장하는 아이를 위한
행복의 조건

모든 부모는 내 아이가 행복하기를 바란다. 그리고 행복한 어른으로 자라기를 꿈꾼다. 많은 부모들이 생각하는 행복의 조건은 과연 무엇일까. 신체적으로 건강하며 자신의 능력을 인정받아 경제적으로 부족함 없이 하고 싶은 것들을 마음껏 누리며 사는 삶. 부모의 마음에는 '사회적으로 성공한 삶이 곧 행복한 삶'이라는 공식이 내재되어 있을 것이다.

사회적 성공을 위해 부모는 아이의 능력, '스펙spec'을 키우는 데 많은 노력을 기울인다. 언제부터인가 취업 준비생들은 출신 학교와 학점, 토익 점수와 각종 자격증, 그리고 해외 연수 및 인턴 경험 등을 종합해 'specification', 간단히 줄여 '스펙'이라 불렀다. 처음에는 대학생, 취업 준비생, 직장인들 사이에서 적용되던 스펙이라는 용어가 이제는 초등생들에게까지 내려와 아이를 과잉 학습에 노출되게 한다. '4세 고시' '7세 고시'라는 스펙을 시작으로 아이들은 어릴 때부터 외국어, 논술, 악기, 운동 등 학과목, 예체능과 관련된 것들을 배운다. 수상 경력, 체험학습, 어학연수, 봉사활동 등도 챙겨야 하며 학교 성적도 당연히 관리 대상이다. 부모는 빠듯한 살림 속에서도 학원에 보내고, 해외 연수를 보내며 늘 공부하라고 다그친다.

부모는 다양한 능력을 길러주는 것이 아이에게 성공한 미래를 가져다주고, 행복을 보장해줄 것이라고 믿는다. **그런데 내 아이도 부모인 나와 같은 마음일까?**

한국방정환재단과 연세대학교 사회발전연구소는 〈한국 어린이·청소년 행복 지수 국제 비교〉를 발표했다. 우리나라 초등학교 4학년부터 고등학교 3학년까지를 대상으로 조사한 결과에 따르면 우리 아이들의 '주관적 행복' 지수는 OECD(경제협력개발기구) 26개 국가 중 최하위를 기록했다. OECD 국가의 평균을 100이라고 했을 때 우리나라 아이들의 행복 지수는 65.1에 그쳤다. 주관적 행복을 구성하는 6가지 항목 중 삶의 만족도, 건강, 외로움 등에서 현저히 점수가 떨어졌다. 특히 '자신의 삶에 만족하는가'라는 질문에 53.9%만이 그렇다고 대답했는데, 이는 OECD 국가 중 가장 낮은 수치이다. 거의 절반 가까이가 자신의 삶에 만족하지 못한다고 답한 것이다. 2011년 5월에 발표한 자료에서도 우리 아이들의 행복 지수는 65.98을 기록, 3년 연속 꼴찌라는 불명예를 떠안게 되었다.

한창 아무 걱정 없이 뛰어놀고 다양한 경험을 쌓고 학습해야 할 시기에 행복감이 떨어진다는 것은 무엇 때문일까? 전문가들은 그 이유를 학업 스트레스에서 찾았다. 학업 스트레스를 겪는 아이의 비율이 학년에 상관없이 다른 국가에 비해 가장 높은 것으로 나타났으며, 학년이 올라갈수록 그 편차가 더욱 심해졌다. 초등학생들도 절반이 학업 스트레스를 받는다고 할 만큼 우리나라 아동, 청소년들의 행복 지수는 위기 상태였다.

그런데 여기서 주목할 만한 사실을 하나 발견했다. **'행복을 위해 가장 필요한 것이 무엇이냐'는 질문에 대다수 아이들이 '가족'을 꼽았다. 하지만 학년이 올라갈수록, 가족을 꼽는 비율이 조금씩 줄어들었으며, 고등학교 3학년생들의 답변에서는 '돈'이 '가족'을 제치고 1위를 차지했다.** 행복 지수가 가장 낮은 나라의 청소년이 행복의 조건으로 돈을 첫손에 꼽았다는 현실. 우리는 내 아이에게 행복의 참된 의미와 행복의 조건들을 제대로 가르쳐주지 못한 미성숙한 부모는 아니었는지 자문해볼 필요가 있다.

다시 한 번 질문을 던져보자. 과연 어떤 삶이 행복한 것일까? 행복의 조건은 무엇일까?

하버드 의과대학 교수인 조지 베일런트George E. Vaillant는 자신의 저서를 통해 진정한 행복을 위한 7가지 조건을 소개했다. 그 첫 번째로 고통에 대응하는 성숙한 방어 기제를 꼽았으며, 그 뒤를 이어 교육, 안정된 결혼생활, 금연, 금주, 운동, 적정 체중을 들었다.

영국의 심리학자인 캐럴 로스웰Carol Rothwell과 인생 상담사 피트 코언Pete Cohen은 '행복 지수'라는 용어를 통해, 한 개인이 얼마나 행복한가를 측정하는 기준을 만들었다. 인생·적응력·유연성 등을 포함한 개인적 특성, 건강·돈·대인관계와 같은 생존 조건, 자존심·야망·기대 등 고차원 상태. 두 사람은 이 세 가지 요소에 의해 행복이 결정된다고 보았다.

그런데 행복의 조건 하나만으로는 행복을 가질 수 없다. 조지 베일런트나 캐럴 로스웰 모두 자신들이 나열한 행복의 조건들이 중요도의 차이는 있지만 적절히 배합되어야 행복을 느낄 수 있다고 주장했다.

우리도 행복의 조건을 나열해보자. 우선 건강이 가장 중요하다. 건강하지 못하면 어떠한 일도 시도할 수 없다. 그리고 자신을 사랑하는 사람, 가족, 친구들이 필요하다. 이루고 싶은 꿈도 있어야 한다. 자신이 하고 싶은 일, 도전하고 성취하고자 하는 목표가 없다면 우리의 인생은 그저 쳇바퀴 같은 일상의 반복일 것이다. 목표한 일을 해내기 위해서는 그만큼의 능력이 필요하다. 능력을 키우기 위해서는 교육 환경이 뒤따라야 한다. 그리고 생활의 안락함을 위한 경제적 여유도 빼놓을 수 없다. 사회적으로 성공했다고 불리는 삶의 조건이 빠짐없이 조화를 이루었을 때 우리는 행복하다고 말할 수 있는 것일까? 만약 여기에 우리 아이를 위한 행복의 조건을 더 넣는다면 어떤 항목을 추가할 수 있을까?

우리는 취재를 통해 낙관주의, 긍정성, 자기만족이야말로 행복을 완성하는 조건이 될 수 있음을 알게 되었다.

A와 B 두 사람이 있다. 이 둘은 모두 건강, 가족, 꿈, 능력, 돈 등에 있어서 거의 똑같은 수준을 유지하며 살아가고 있다. 그런데 A는 자신의 조건들에 대해 늘 만족하며 어떤 일이든 잘될 것이라는 낙관적 삶의 태도를 갖고 있다. 반면 B는 A보다 조금이라도 더 가지지 못한 것이 불만이다. A와 B 중 어느 쪽이 더 행복할까? 똑같은 상황에서도, 그 사람이 **삶을 어떻게 바라보는가에 따라 행복은 좌지우지될 수 있는 것이다.**

낙관적인 삶의 태도란, 바로 자신에 대해 만족하는 것이며, 어떤 상황에서도 긍정적으로 받아들이고 역경을 이겨내도록 만드는 힘이다. 그래서 낙관성은 자존감을 구성하는 중요한 속성이기도 하다.

국내 최고의 뇌 과학자인 서울대학교 서유헌 교수는 〈아이의 사생활〉 촬영 당시 인터뷰에서 이런 말을 했다. "사람의 뇌는 긍정적인 생각, 즉 낙관적인 사고를 좋아한다"는 것이다.

"긍정적인 생각은 신경회로를 활짝 열고, 새로운 회로를 만들기도 한다. 하지만 불만스럽고 부정적인 생각은 신경회로 간의 흐름을 방해하거나 억제한다. 즉 긍정성, 낙관적 사고는 두뇌 건강에 좋은 반면 부정적, 비관적 사고는 뇌의 건강을 방해한다. 기분이 좋은 상태, 잘될 것 같다는 생각 등은 대뇌 세포에 신선한 자극이 되고, 뇌 신경회로를 활짝 열리게 하며, 신경전달물질의 분비도 원활하게 한다."

서유헌 교수에 따르면 우리 두뇌는 온몸의 신경을 지배하는 곳이다. 뇌에는 1,000억여 개의 신경세포가 있는데, 세포와 세포의 틈인 시냅스에 분비되는 각종 신경전달물질(도파민, 세로토닌, 엔도르핀 등)이 정보를 전달하는 메신저 역할을 한다. 끊어진 신경회로 사이에 신경전달물질이 나오면서 400미터 계주를 하듯이 흥분이나 감정 상태를 회로에서 다음 회로로 연결하는 것이다. 만일 뇌에서 신경전달물질이 제대로 나오지 않으면 뇌의 명령체계가 부분적으로 망가지고 우울증, 조울증, 정신분열병, 자폐증 같은 신경정신계 질환을 보일 수 있다고 한다. 반면 낙관적 사고는 우리의 두뇌를 건강하게 하고 행복하다는 감정을 느낄 수 있게 한다는 것이다.

"네가 그럼 그렇지."

"실수할 줄 알았다."

"너는 그게 잘한 것이라고 생각하니?"

"뻔하지 뭐."

혹시 좋지 않은 시험 결과를 받아온 아이에게 이런 말을 쉽게 내뱉고 있지는 않은가 점검해보자. 부모의 비관적인 태도는 이제 막 자라고 있는 아이의 자존감을 단번에 자르고, 대신 불행하다는 감정을 아이 마음에 심어줄 수 있다. 부모인 자신부터 내 아이의 능력을 믿고, 잘 해낼 것이라는 응원을 보내자. 부모의 전폭적인 지지를 받은 아이는 그 누구보다 자신이 행복한 아이라고 느낄 것이다.

아이의 자아 개념이 발달하는 과정

자아 개념이 싹트게 되면 자아 정체감을 갖게 되고 이것은 다시 자존감을 세울 수 있는 기틀이 된다. 아이가 자아에 대해 인식한다는 것은, 자신과 타인을 구별할 수 있는 능력을 갖게 된다는 것이다. 아이는 바람직한 양육 환경 안에서 서서히 자신의 존재 가치를 깨닫게 되며, 자신을 존중하는 마음을 갖게 된다.

STEP 1. 자신의 외모를 인식한다

아이에게 따뜻하고 자상한 태도로 일관하며 아이와 정서적으로 밀착된 관계를 유지하고 있다. 아이를 인격적으로 대하고자 노력하며 아이의 생각이나 하는 일 등에 깊은 관심을 갖고 있고 표현할 줄 안다.

STEP 2. 자신을 '나'라고 표현한다

만 3세가 지나면 아이는 자신을 지칭할 때 이름이 아닌, '나'라는 1인칭을 사용할 줄 알게 된다. 이전까지 자신의 이름, 예를 들어 "소정이가 과자를 흘렸어"를 "내가 과자를 흘렸어"라는 식으로 말할 수 있게 된다. 자신을 '나'라고 표현하면서 본격적인 자아 개념이 싹튼다.

STEP 3. 자아의 개념이 점점 확대된다

만 4세가 지나면 자아 개념이 자기에게 속하거나 관련된 인물, 사물에게까지 확장된다. 즉 소정이 집, 내 집이 아니라 우리 집, 우리 아빠, 우리 엄마, 우리 유치원 등 소유 개념을 표현하게 된다. 이런 순차적인 자아 개념의 발달은 자신과 타인을 구별하게 한다.

STEP 4. 자신과 타인의 정서를 인식한다

3, 4세 무렵 아이는 자기중심적 사고에서 점차 타인의 정서를 이해하는 방향으로 발달하게 된다. 3세의 아이는 자신의 감정에 충실하며 그 기복도 심하지만 4세 이후가 되면 점차 자신의 감정을 자제할 수 있는 능력을 갖추게 된다. 이런 정서지능은 자신의 감정을 있는 그대로 인식하고 자신의 감정을 읽고 이해하는 능

력을 말하는데, 여기에는 타인의 정서를 인식하는 것도 포함되어 있다.

STEP 5. 타인과의 상호작용으로 자아상이 발달한다

초등학교 입학 전후로 아이에게는 자아상이 생기기 시작한다. 자아상이란 아이가 자기 자신을 어떻게 생각하는지에 대한 느낌이다. 이런 자아상은 아이가 부모와의 상호작용, 즉 아이의 행동에 따라 상과 벌이 반복되면서 아이는 부모가 어떤 행동을 착하고, 나쁘다고 말하는지 알게 된다. 부모의 기대를 알아채고 그에 걸맞은 행동을 하고자 하며 긍정적인 자아상을 위해 노력하게 된다. 점차 그 대상이 학교 선생님, 친구들에게까지 확대된다.

아이에게 행복감을 안겨주는 부모의 말

부모의 말 한마디로 아이는 슬프고 비관적인 감정을 느끼기도 하지만 반대로 기쁨과 행복감을 느낄 수도 있다. 아이와 일상적인 대화만 주고받을 것이 아니라, 매일 아이에게 행복을 안겨주는 말 한마디를 선사해보자. 아이를 껴안아주거나 머리를 쓰다듬는 등 스킨십까지 더한다면 행복감은 더욱 커진다.

〈오늘부터 아이에게 꼭 해야 하는 말〉

· 네가 엄마 아빠 딸(아들)이어서 정말 고맙다.

· 네가 웃기만 해도 세상이 다 환해지는 것 같아.

· 못해도 괜찮아, 틀려도 괜찮아.

· 네가 노력했다는 것만으로도 얼마나 기쁜지 몰라.

· 엄마 아빠를 도와주다니, 너는 천사가 분명해.

· 좋은 친구를 많이 사귀렴. 공부보다 우정이 더 중요하단다.

- 너를 칭찬하는 사람들이 참 많구나.
- 엄마 아빠가 항상 뒤에서 너를 지켜줄 거야.
- 네가 행복하면 엄마 아빠도 행복해.

✱ ✱ ✱

아이의 마음을 잘 들을 수 있는 다섯 가지 기술

아이가 주양육자의 말, 사회에서 만나는 다양한 선생님과 친구들의 말을 경청하고 자신의 의견을 잘 이야기하는 사람이 되기를 바랄 것이다. 이런 능력을 키워주려면 부모부터 내 아이의 말을 경청해야 한다.

많은 부모들이 아이와 잘 소통하고 있다고 생각하지만, 큰 문제가 없는 가정에서도 부모와 자녀가 소통을 잘 하지 못하는 경우가 있다. 아이가 어릴 수록 부모의 지시와 돌봄의 범주가 넓기 때문에, 소통이 잘 되지 않는 것이다. 이런 상태로 오래 생활을 하다 익숙해지면 아이는 자신의 마음을 표현하는 데에 어려움을 느끼게 된다.

많은 부모가 모르는 사실이 있다. **아이들은 말로 자신의 상황을 충분히 알릴 수 없을 때가 많다.** 부모가 아이의 마음에 잘 집중해야 한다. 부모가 아이의 마음을 잘 들을 수 있게 되면, 아이의 문제 행동에 대처할 때 부모는 마음을 열고 아이의 이야기를 경청하며, 긍정과 공감을 표현하고, 아이를 존중하는 마음으로 소통해 어려움을 극복해낼 수 있다.

첫 번째, 대화를 나눌 때 아이가 집중하지 못하는 이유가 무엇인지 알아본다. 서로의 생각을 정확하게 아는 것이 무엇보다도 중요하다.

두 번째, 무조건 부모의 말을 듣지 않는다고 잔소리를 하지 말고 아이가 원하는 것을 부모가 함께 해주는 것이 먼저다. 아이가 원하는 것을 종이에 적어 목록을 만든다.

세 번째, 만들어진 목록을 보면서 실천 가능한 것과 그렇지 않은 것을 아이와 하나씩 체크해나간다.

네 번째, 서로 받아들일 수 있는 해결책을 결정해 문제를 해결하기 위해선 반드시 지켜야 할 약속들이 있음을 아이에게 상기시켜준다.

다섯 번째, 결정된 방법을 행동으로 옮긴다.

✱ ✱ ✱

소통의 핵심은 긍정과 공감

　아이가 문제 행동을 보였을 때 적절한 대처법이 중요하지만, 근본적인 원인을 살펴보지 못한다면 좋은 대처를 하기 어렵다.
　겉으로만 경청하는 듯, 공감하는 듯 하면 속내가 들통 나기 쉽다. **아이의 마음을 진심으로 이해하고 공감하고 싶다면, 부모는 자신이 잘못한 부분에 대해 솔직하게 사과하는 용기까지 지녀야 한다.** 대개의 부모는 아이의 사과, 즉 아이의 잘못을 인정하고 반성하는 태도나 말 등을 받으려고 하지, 아이 앞에서 자신의 잘못을 인정하려 들지 않는다. 그러나 아이는 부모의 이런 태도를 눈치 채고 있다. 결국 자신의 실수를 감추기 급급한 부모에게 아이는 실망감을 느끼며 마음을 닫아버린다.
　긍정과 공감으로 아이와 소통하기 위해서는 서로 1:1 대등한 관계 속에서 마음을 활짝 열어야 한다. 부모의 진심 어린 사과를 받은 아이는 부모가 자신을 존중하고 있다고 느낀다. 그리고 자신의 잘못 또한 진심으로 반성하고 사과하는 것을 배운다. 정말이냐고? 물론이다! 공감이야말로 아이의 자존감을 높이고, 문제 행동을 교정할 때 꼭 실천해야 할 가장 기본이고, 필수이며, 확실한 방법이다.

우리는 〈아이의 사생활〉을 제작하면서 진행한 실험 결과에서 재미있는 사실을 발견할 수 있었다. 열두 명의 아이에게 부모와 아이가 등장해 몸짓으로만 상황을 표현하는 마임 공연을 보여주었다. 마임의 내용은 아이는 게임에 열중해 있고, 부모는 공부하라며 아이의 게임기를 빼앗는 것이었다. 공연이 끝난 후 아이들에게 부모와 아이의 마음이 어땠을지에 대해 물어보았다. 분명 같은 공연을 관람했는데도 아이들의 대답은 제각각이었다. 어떤 아이는 극 중 부모에게 게임기를 빼앗긴 아이의 입장만 알아채는 반면, 어떤 아이는 아이 때문에 속상한 부모의 마음까지도 이해했다. 마음을 읽어내는 수준도 달랐다. 겉으로 드러난 아이의 입장만 읽고 전달하는 아이가 있는가 하면, 아이와 부모의 감정과 내면을 한결 구체적으로 파악한 아이도 있었다.

아이들의 답변을 토대로 각각의 공감 능력을 평가하고 다시 그 아이들의 자존감을 분석해보았다. 놀랍게도 단 두 명을 제외하고 공감 능력과 자존감의 관계가 일치했다. 즉 자존감이 높은 아이는 다른 사람을 이해하는 공감 능력이 높았고, 자존감이 낮은 아이는 공감 능력도 낮았다.

공감 능력은 아이가 자라면서 자연적으로 얻어지는 것이 아니다. 학원이나 학교에서 공부하며 습득할 수 있는 것도 아니다. 그렇다면 자존감이 높은 아이의 공감 능력은 어떻게 생기는 것일까? 바로 **자신에게 공감해주는 부모로부터 배우는 것이다.**

부모가 아이에게 공감해주면 아이는 자신이 사랑받을 만한 가치가 있다고 여겨 자존감이 높아진다. 그리고 이렇게 형성된 아이의 자존감은 공감 능력을 키운다. 부메랑처럼 말이다. 공감 능력이 높은 아이는 부모의 입장 역시 잘 이해하고 공감할 수 있다. 어릴 때부터 부모의 공감을 많이 경험하면 아이는 이것을 모델로 삼아 또래 관계, 대인관계에서 공감 능력을 발휘하게 된다. 다른 사람의 말에 귀 기울일 줄 알고 마음을 잘 헤아려주는 사람이 되면 곁에는 늘 그를 좋아하는 사람들이 모이게 마련이다. 대인관계에서, 사회생활에서 공감 능력은 구성원 간의 갈등을 해결하고 함께 발전해나갈 방향과 에너지를 제공해준다. 리더십에 필요한 덕목 하나를 얻게 되는 셈이다.

그러나 어려서 부모의 사랑과 공감을 받지 못한 아이는 자신이 사랑받고 존중받을 만한 가치가 있다는 생각을 하지 못한다. 자신의 가치를 깨닫지 못할 뿐 아니라, 다른 사람의 존재나 인격이 얼마나 소중한지 깨닫지 못하고 다른 사람의 입장이나 생각을 헤아리는 데 역부족이게 된다. 한마디로 공감 능력을 배우지 못하는 것이다. 결국 아이는 대인관계에서 쉽게 오해를 불러일으키고 타인과 건강한 관계를 맺는 것에 어려움을 느낀다. 타인과 정신적·정서적 교류를 나눌 기회가 적은 현대인에게 가장 필요한 치료약이 바로 공감이라고 한다. 누군가 자신의 마음을 이해하고 공감해주면 사람들은 행복하다고 느낀다. 힘든 일이 있을 때 누군가 그 사정을 알아주고 공감해주면 고통은 줄어든다. 하지만 비난, 비판, 무시 같은 부정적인 말을 듣게 되면 반발심이 먼저 생기고, 이런 감정은 증폭되어 분노가 되기도 한다.

부모의 공감과 사랑이 아이에게 영향을 미치는 것은 비단 자존감뿐만이 아니다. 발달이나 학습의 모든 면에서 긍정적인 영향을 미친다. 부모가 자신을 지지해주고 있다고 느끼면 아이는 자신의 생활에 만족하고 정서적 안정을 느껴 각종 변화에 따른 스트레스를 견디는 능력이 발달하게 된다. 엄마의 행동을 편안하게 받아들이기 때문에 모방이 쉬워지고, 세상을 배워가기가 한결 수월해진다.

반대로 아이가 공감받지 못하면 아이는 자신의 힘을 보여주기 위해 문제 행동을 일으킬 수 있다. 우리 어른들과 똑같이, 아이 역시 다른 사람보다 키가 작거나 약해서 혼자서 어떤 것을 해낼 수 없다고 인식하면 수치심과 열등감을 갖는다. 이런 수치심과 열등감을 계속 자극하면 아이는 자신감을 잃어 소극적인 아이로 자라게 되고, 어느 순간에는 스스로를 제어하지 못해 문제 행동을 표출하게 된다.

평소 아이에게 공감하고 지지하던 부모라도 아이가 실수할 때에는 태도가 돌변하는 경우가 있다. 중요한 것은 아이가 실수를 하더라도 아이의 능력을 믿고 기다려주는 부모의 자세이다. **대부분의 부모는 아이가 잘하지 못할 것이라는 선입견, 혹은 불안감을 가지고 있다. 아이가 스스로 움직이기 전에 미리 아이의 행동을 간섭하고, 실수를 방지하기 위해 개입하게 된다. 하지만 아이에게 규칙이나 해야 할 일을 알려주는 것은 한 번으로 충분하다.** 아이는 시행착오를 겪으면서 배우고, 그리고 해내고, 마침내 자신감을 얻어 혼자서도 잘하게 된다. 완벽하지 않더라도 지난번보다 잘했다면 아이의 노력과 성과에 대해 칭찬하고 격려하자.

부모는 육상선수들이 높이뛰기나 멀리뛰기를 할 때 마지막에 도움닫기하는 발판이 되어야 한다. 발판을 힘차게 밟고 뛰어야 높이, 그리고 멀리 뛸 수 있듯이, 긍정과 공감으로 아이를 지지해주면 아이는 안정감과 힘을 얻어 앞으로 나아갈 수 있다.

자존감의 기초는 부모와의 애착

아이의 자존감은 언제 시작되는 것일까? 자존감은 선천적인 것이 아니라 태어나 맞이하게 되는 경험에 의해 좌우된다. 어찌 보면 최초로 기쁨과 슬픔을 느낄 수 있는 순간부터 시작된다. 자존감이란 '스스로가 스스로를 어떻게 느끼는가'와 연결되어 있다. 기분 좋게 느낀다면 자존감의 높이는 높아지는 쪽으로 갈 것이고, 불쾌하게 느낀다면 낮아지는 쪽으로 진행될 것이다. 자존감은 아이의 '느낌'이나 '감정'이 발달하는 시기와 관련이 깊다. **우리가 만난 심리학자와 교육학자들은 아이가 좋은 느낌, 나쁜 느낌을 구분하여 인지하게 되는 것은 태어난 지 며칠 후부터 시작된다고 했다.** 태어난 지 3~4일만 지나도 아기는 누가 자신에게 관심을 갖는지, 자기가 슬픈지, 기쁜지, 화가 나는지, 놀라운지를 느낀다고 한다. 구체적인 것은 아니겠지만 아기는 돌 전부터 자아상에 대한 이미지를 갖게 되는 것이다.

갓 태어난 아기가 울면 부모는 배가 고픈 것은 아닌지, 기저귀가 젖은 것은 아닌지, 졸린 것은 아닌지 알아차리기 위해 이것저것 살펴본다. 그리고는 젖을 먹이고 트림을 시키고, 때로는 안아주기도 하고 어르고 달래며 아이가 원하는 것을 들어주려고 노력한다. 아기는 자신의 의사를 말로 표현하지 못하고 말귀를 알아듣지 못하지만 주양육자의 태도에서 양육자가 자신을 어떻게 생각하는지 읽는다. 자신을 바라보는 표정이나 목욕시킬 때의 손길에서 엄마의 사랑을 느낀다. 부모에 대한 아이의 신뢰는 뱃속에 있을 때부터 시작된다고 해도 과언이 아니다.

하지만 아이가 기거나 걷기 시작하면서 부모는 서서히 자신의 뜻대로 아이를 통제하려 든다. 아이는 사물을 직접 만지거나 탐색할 수 있게 되면서 자신의 욕구를 채운다. 때로는 부모가 없어도 된다는 사실을 느껴 혼자 해보려 하고, 부모는 돌아다니며 사고를 치고 자기 뜻대로 하려는 의지가 강해지는 아이에게 점차 "안 돼! 하지 마" 하고 말하는 횟수가 늘어난다. 하지만 아이가 걱정되어 만류했던 부모의 반응은 아이에게 좌절감과 수치심을 안겨줄 수 있다. **부모의 간섭이나 비판적인 말 때문에 좌절을 경험하는 건 초등학생뿐 아니라 어린아이도 마찬가지다.** 배변훈련 하면서 옷이나 이불에 실수했다고 심하게 다그치면 오히려 아이가 퇴행할 수 있다는 사실을 떠올려보자.

돌이 지나면 아이는 주양육자의 정서를 알아채기 시작하는데, 주로 그것을 자신의 행동의 길잡이로 삼는다. 새로운 행동을 할 때, 사물을 만났을 때, 사람을 만났을 때 가장 믿을 만한 사람의 반응을 살피는 것이다. 즉 주양육자의 표정을 보고 음식의 맛을 점치고, 놀잇감의 안정성을 믿는다. 그리고 아이는 자신에게 중요한 존재가 어떻게 평가하는지에 따라 스스로에 대한 '가치'를 발달시켜나간다. 어린 시절 중요한 사람이 좋다거나 싫다고 반응했던 것이 자신을 판단하는 데 중요한 조건이 된다는 것이다. 아이가 느끼게 되는 스스로의 가치는 '나 자신이 다른 사람의 사랑과 관심을 받을 만한가'에 의해 좌우된다. 여기에서 '그렇다', 즉 '나는 가치 있다'고 여기게 되면 아이는 자신감을 갖게 된다. 자신감은 자기 가치를 전제로 어떤 일을 해낼 수 있다고 믿는 것이다. 주변의 다른 모든 이들이 긍정적인 반응을 보인다 해도 부모나 주 양육자처럼 아이가 중요하다고 생각하는 사람이 부정적인 느낌을 주면 자존감은 형성되기 어렵다. 아이가 학교에 다닐 무렵이면 선생님이나 친구의 평가도 중요해지겠지만, 유아기에 가장 중요한 존재는 바로 부모이다.

   정서 발달은 자존감의 발달과 묘하게 맞물려 있다. 따라서 아이의 정서가 발달하기 시작하는 영유아기의 양육 태도는 자존감 발달의 순조로운 시작을 알린다고 말해도 과언이 아니다.

만 3세까지의 아이에게 필요한 것은 자신이 보호받고 있다는 안정감과 이를 통한 부모와의 애착 형성이다. 안정적인 애착은 긍정적이고 안정적인 정서 발달에 도움을 주고, 그것은 아이에게 세상에 대한 신뢰, 자신에 대한 긍정적인 이미지를 형성한다. 반대로 불안정한 애착은 아이가 세상에 대한 신뢰감을 형성할 수 없어 자존감 형성에 굉장히 부정적인 영향을 주게 된다. 게다가 부모로부터 긍정적인 감정 대신 상처나 공포, 심리적인 위축을 경험하면 시간이 지나도 이런 감정은 쉽게 해소되지 않는다. "안 돼!" 하고 무심코 던진 말 한마디가 아이에게 상처가 되어 성격을 바꾸기도 하고 사회성 발달에 장애물이 될 수 있다는 사실을 명심하자.

탄탄한 애착 형성을 원한다면 주양육자는 아기가 태어나는 순간부터 정서적 안정을 느낄 수 있도록 돌봐야 한다. 이 시기 아기들이 가장 중요하게 여기는 것은 '안정'이다. 주양육자에게 필요로 하는 것은 자신을 다치지 않게 불편하지 않게 잘 지켜주는 것이다. 이때 아기들에게는 자신의 내부 외부에서 일어나는 자극들이 모두 낯설고 불안하다. 예를 들어 배가 고픈 느낌도, 기저귀가 젖은 느낌도, 졸린 느낌도, 너무 심심한 느낌도 모두모두 낯설고 불안하다. 이때 아기가 **'나는 정말 편안해, 안전해'라는 생각을 가질 수 있도록 주양육자는 아기의 여러 가지 생물학적인**

욕구나 불편감 등을 즉각 해결해주어야 한다. 이것은 '자존감의 기초 공사'라고 할 수 있다.

만일 아기가 보내는 생물학적인 사인을 부모가 전혀 알아채지 못해, 배가 고프다고 하는데도 "지금은 4시간에 1번 먹는 거야" 하면서 기다리라고 한다거나 심심하다고 안아달라고 하는데 버릇 나빠진다고 눕혀만 놓는다면 세상에 대한 안정감이 깨지고 자존감의 싹은 더디게 자랄지 모른다.

공감하는 부모가 되기 위한
자기 점검

〈아이의 사생활〉을 준비하는 동안, 수많은 전문가를 인터뷰하면서, 있는 그대로를 수용받은 아이와 반대 경우의 아이가 보이는 자존감의 척도에는 상당한 차이가 있음을 알게 되었다.

자존감이 낮은 아이는 문제 행동을 통해 SOS 신호를 보낸다. 부모는 아이의 구조 요청을 놓치지 말아야 한다. 그 다음 아이가 처한 상황과 심경을 이해하고 공감한다. 부모로부터 이해받고 공감받은 아이는, 자신이 소중한 존재, 사랑받는 존재임을 깨닫게 된다. 이것만 기억한다면, 아이에게 나타나는 문제 행동도 어렵지 않게 해결할 수 있다.

그렇다면 나는 아이에게 공감을 잘하는 부모인가, 그렇지 못한 부모인가. 공감 능력이 높은 부모가 아이의 감정이나 상황에 대해 어떻게 생각하는지 살펴보면서 스스로를 점검해보자.

〈부모의 자기 점검표〉

· 아이가 이해하기 어려운 말을 할 때 아이에게 무슨 일이 있었는지를 더 걱정한다. (네/아니오)

· 아무리 급하고 화가 나더라도 일단은 전후 사정을 살펴보려고 노력한다. (네/아니오)

· 아이가 지시한 일을 제대로 수행하지 못했을 때에는 그 이유가 먼저 궁금하다. (네/아니오)

· 아이의 낯빛이 변하면 무슨 일이 있었던 것은 아닌지 고민된다. (네/아니오)

· 선생님께 혼났다는 말을 들으면 그 이유가 궁금하기보다 아이가 속상해하거나 창피해할까봐 안쓰럽다. (네/아니오)

· 아이를 혼내기 전에 자신이 아이 입장이라면 어땠을까 먼저 생각해보려고 애쓴다. (네/아니오)

아이와 공감하는 대화의 기술

아이의 자존감을 높이면서 문제 행동을 미연에 방지할 수 있는 것이 공감 어린 의사소통이다. 공감하는 의사소통이란, 생각보다 간단하지 않다. 가장 먼저 아이의 이야기를 '경청'해야 하며, 그 다음 아이의 마음을 '공감'하고, 마지막으로 부모의 생각을 '말'하는 단계를 거친다. 마지막 과정인 '말하기'에도 아이에게 좀 더 효과적인 전달법이 따로 있다.

문제는 많은 부모들이 이 방법들을 머리로는 알고 있지만 마음과 입으로 실천하지 못하는 데에 있다. 아이가 문제 행동을 일으키거나 실수를 했을 때 당장 튀어나오는 말은 "누가 그랬어?" "또 너냐?" "하루라도 사고를 안 치면 심심하지?" "내가 너 때문에 못 살아" "대체 왜 그러니?" 등이다.

아이의 문제 행동을 교정하고 이제라도 자존감을 키우려면 부모부터 자신의 양육 태도를 되돌아보고, 수정하는 노력이 필요하다. 부모의 양육 태도가 아이의 자존감을 좌우하며, 나중에 이야기하겠지만 부모의 자존감이 아이에게 대물림된다는 것을 잊어서는 안 된다. 자, 이제 자존감이 낮은 아이가 문제 행동을 보였을 때 어떻게 응대하면 좋을지, 그 대화법을 경청—공감—말하기, 3단계를 통해 구체적으로 익혀보자.

아이와의 의사소통에서 경청은 아무리 강조해도 지나치지 않다. 하지만 경청하는 습관은 하루아침에 생기지 않는다. **우선 아이가 말할 때 하던 일을 멈추고 아이와 눈을 맞춘다.** 부모가 자신의 말을 경청한다는 것을 아이가 알게 하려면 여기에 약간의 양념을 더해도 좋다. 판소리에서 "좋다" "얼쑤" 같은 추임새는 노래 부르는 사람의 흥을 돋우고 다음 구절로 이어지는 데 큰 역할을 한다. **아이의 이야기를 들을 때도 추임새가 중요하다.** 고개를 끄덕이거나 이야기의 내용에 따라 슬픈 표정 등을 짓는 식의 행동은 아이에게 너의 말을 주의 깊게 듣고 있다는 것을 느끼게 해준다. "그렇구나!" "정말 대단한걸!" "그래서 그 다음엔?" 등의 감정이 담긴 감탄사도 필요하다. 아이의 이야기를 잘 듣고 있다는 것을 행동뿐 아니라 말로도 표현하는 것이다. 예능 프로그램을 볼 때 게스트들이 별로 웃기지도 않은 상황에서 과장된 반응을 보이는 것은 전체적인 분위기를 좋게 하고 지금 말하고 있는 사람에게 더 재미있는 얘기를 하도록 용기를 불어넣기 위해서다. 마찬가지로 아이와의 대화에도 적절한 리액션이 필요하다.

경청의 또 하나의 요령은 **아이의 말을 중간에 자르지 않는 것이다.**

"오늘 친구가 내 우산을 가져갔는데⋯⋯."

"뭐? 그럼 새로 사준 우산을 빼앗겼단 말이야?"

"아니! 그게 아니고 아까 비가 와서 우산을 줬는데⋯⋯."

"근데, 너 숙제는 했니?"

이런 식의 대화는 아이의 마음 문을 닫아버리게 만든다. **아이가 말하는 도중 아이의 실수나 잘못된 행동이 드러나더라도, 아이에게 물어보고 싶은 것, 해야 할 말은 일단 참아야 한다. 아이의 말을 끝까지 듣는 것이 먼저이다.** 아이는 가끔 앞뒤가 맞지 않는 이야기, 시시콜콜 쓸데없는 이야기를 끝도 없이 할 때도 있다. 이런 얘기를 듣다보면 시간이 무한정 흘러가 아이의 말을 어디까지 들어줘야 할지 모를 때도 있다. 하지만 이 경우에도 **"그래서 하고 싶은 말이 뭐야?" "무슨 소리야?" 하며 끼어들어선 안 된다.** 부모의 이런 개입은 아이에게 누군가와 자신의 생각이나 감정을 나누는 것에 불안감을 주거나, 반대로 자신과 생각이 다른 사람의 말은 무시해도 된다는 생각을 줄지 모른다.

아이와 의사소통이 제대로 이뤄지려면 말의 이면에 숨겨져 있는 아이의 마음을 읽고 이해하며 공감하는 자세가 필요하다. 누구나 자신에게 공감해주는 사람에게 마음의 문을 열기 마련이다. 앞서 말한 리액션, 추임새에는 진심이 담겨 있어야 한다. 아이의 감각은 어른이 생각하는 것보다 훨씬 민감해서 부모의 반응이 진심인지 아닌지 본능적으로 알아차리기 때문이다.

공감에 대해 이야기할 때 가장 흔히 드는 예시를 떠올려보자. 아이가 "선생님이 나만 미워해" 하고 말했을 때 진정한 공감은 어떤 대답일까?

"아닐 거야. 선생님이 널 얼마나 예뻐하시는지 네가 몰라서 그래" 하고 타이르는 것. "네가 장난이 심하니까 그렇지!" 하고 선생님 입장에서 아이를 혼내는 것. "어유, 그랬어?" 하고 듣는 둥 마는 둥 장난으로 받아치는 것.

가장 이상적인 답변은 첫 번째라고 생각할지 모르겠지만 아이 입장에서 이것은 공감의 표현이 아니다.

"그랬니? 많이 속상했겠구나?" 하고 아이에게 심리적인 위로부터 먼저 건네야 한다. 그리고 그 다음에 부모가 하고자 하는 말을 전해야 한다. 아이에게 공감해주면서 부모의 의사를 말하는 방법에는 'Yes—but' 대화법이 있다. 아이와 부모의 의견이 다르더라도 일단은 'Yes'로 아이 의견을 존중해준 후 그 다음 'but'을 끄집어내는 방식이다. "병원에 가기 싫구나. 엄마도 어렸을 때 주사 맞는 게 싫어 병원 가는 것 참 무서워했어. 그런데……" 하는 식으로 먼저 공감을 표현해야 아이가 마음의 장벽을 걷어내고 부모의 의견을 들을 준비가 된다.

아이의 말을 경청하고 충분히 공감해주었다면 부모가 원하는 것을 표현할 단계이다. **부모가 바람직하다고 생각하는 방향으로 아이가 기꺼이 움직일 수 있도록 긍정적인 욕구를 심어주는 것이다. 이때는 강요나 지시가 아닌 부탁이 되어야 한다.** 이때 애매모호한 표현이나 추상적인 말을 줄이고 사실적이고 구체적으로 부탁하는 것이 좋다.

미국의 심리학자 토머스 고든이 제시한 'I—message' 대화법은 아이의 감정을 자극하지 않고 부모의 의사를 효과적으로 전달할 수 있는 대화법이다. 주어를 '너'가 아닌 '나'로 바꾸는 것이다. 즉 "넌 누굴 닮아 그 모양이니?"를 "거짓말을 하니 속상하고 걱정이 된단다"로, "넌 참 착한 아이야"를 "책 읽는 걸 보니 엄마는 무척 자랑스러워"라고 바꾸어 말하면 된다. 또 아이에게 질문할 때는 "왜?"가 아니라 "어떻게?"로 시작하는 것이 좋다. "왜 숙제 안 했어?"보다 "어떻게 하다 아직 숙제를 못했니?"라고 물어보는 것이다. "왜"는 결과만 놓고 잘잘못을 따지는 것으로 아이를 비난하는 느낌을 주기 때문이다. 반면 "어떻게"는 과정을 묻는 질문이기 때문에 아이가 좀 더 편안하게 대답할 수 있다.

그럼 이제 경청, 공감, 말하기의 3단계를 실전에 응용한 본격적인 의사소통을 연습해보자.

아이가 유치원에서 돌아오자마자 선생님에게 전화가 걸려왔다. 같은 반 친구를 때렸다는 것이다.

> **부모** : 선생님이 전화하셨어. 네가 친구를 때렸다고 하던데, 어떻게 된 일인지 말해줄래?
>
> **아이** : 내가 블록 가지고 노는데 걔가 뺏어갔어.
>
> **부모** : 그래? 기분이 안 좋았겠구나. 함께 가지고 놀면 좋았는데, 마음대로 빼앗아가니 속상하지.
>
> **아이** : 맞아. 내가 먼저 잡았다고 했는데도 가져가잖아. 그래서 그런 거야.
>
> **부모** : 그랬구나. 나라도 화가 났을 거야. 하지만 네가 친구와 사이가 안 좋아진 것을 보니 속이 상하구나. 나는 네가 친구와 싸우지 않고 잘 지내면 좋겠거든. 그 친구가 많이 아팠을 거야. 다음에 그런 일이 생기면 때리지 말고 달라고 하거나 같이 가지고 놀자고 말해보자.

하지만 아이와 함께하는 부모의 일상은 이렇게 고상하지만은 않다. 아이를 존중하고 경청-공감-말하기의 약속을 지키려고 해도 잔소리나 야단을 칠 수 밖에 없는 상황이 있기 때문이다. 하지만 **아이를 혼내는 말에도 요령은 있다.** 최대한 짧게 말하는 것이다. 부모는 아이가 알아듣지 못할까봐 잔소리를 장황하게 늘어놓는데, 그러다보면 아이의 자존감을 해치는 말을 하기 쉽다.

"또 TV 보고 있어? 내가 못 살아. 내가 안 보면 바로 딴 짓이구나. 눈 나빠지고 바보 된다고 몇 번을 말해! TV 좀 그만 봐. 커서 뭐가 되려고 그래?"

이렇게 긴 잔소리 대신 "TV 그만 보고 책 읽을까?" 한마디면 된다. 아이의 잘못은 짧게, 장점은 길게 말하는 것이 아이를 존중하는 대화의 핵심이다.

또 잔소리를 하되 어떤 경우에도 '부모는 네 편'이라는 사실을 알려준다. 잔소리 끝에 아이의 인격을 모욕하는 말을 덧붙이지 않는 것도 아이 편임을 알리는 방법 중 하나다. 이런 태도를 통해 아이들은 "너의 행동은 옳지 않았지만 우리는 여전히 사랑하고 있다"는 것을 알게 된다.

극단적인 표현은 사용하지 않는다. 설득의 말로 효과가 없을 때 부모는 아이에게 경고, 위협적인 말을 하게 된다. 심지어 화가 치밀어 올라 아이를 비판하기도 한다.

"지금 당장 장난감 안 치워? 너 말 안 들으면 다시는 장난감 안 사준다!"

"넌 왜 그 모양이니? 계속 음식 갖고 장난치면 치워버릴 거야!"

흔히 권위적인 부모는 지시를 해도 아이가 말을 안 들으면 위협적인 말로 굴복을 강요한다. **하지만 극단적인 표현은 아이를 주눅 들게 하고 자신이 보호받지 못한다고 느끼게 한다. "당장 하라는 대로 하지 않으면 더 이상 널 사랑하지 않을 거야"라고 말하는 것과 같다.**

사실 아무리 연습해도 화가 치밀어 오르는 상황에서 흥분을 억누르기란 쉽지 않다. **이럴 때는 상처 주는 말을 하는 대신 잠시 아이와 거리를 두는 것이 좋다.**

일단 다른 방이나 화장실로 가 1~2분만 심호흡을 하고 아이를 대해본다. 감정이 누그러져 한결 대화가 부드러워질 수 있다.

다른 사람과 비교하는 말은 하지 않는다. 어른도 잘난 누군가와 비교당하면 기분이 상한다. 아이도 마찬가지다. "형은 달리기 잘해서 대표로 뽑혔는데 넌 누굴 닮아 그러니?" "옆집 애는 밥 먹으면 밥그릇이랑 숟가락은 자기가 치운다더라. 너도 좀 배워."

이런 식의 비교하는 말은 부모에게 반발심을 불러일으킬 뿐 아니라 비교 대상에게 열등감과 적개심을 갖게 만든다. 특히 형제간의 비교는 금물이다. 칭찬받는 아이는 자만심에 빠져 다른 형제나 자매를 무시하게 되고, 나머지 아이들은 칭찬받은 아이를 시기하게 되어 우애를 망친다. 형제 자매 간의 갈등과 경쟁은 어느 집에나 있는 일이다. 이를 지혜롭게 피하려면 아이마다 가지고 있는 장점을 찾는 것이다. 형이 시험을 잘 봐 칭찬해주고 싶을 때는 형뿐이 아니라 동생의 장점도 함께 거론해보자. "이번에 열심히 준비하더니 성적이 많이 올랐네. 형은 성적이 오르고, 동생은 달리기를 잘하고. 우리는 너무 행복해" 하고 말이다.

기억해야 할 아이의 유능감

유능감이란, 사람이 살아가면서 만나게 되는 다양한 상황에 대한 대처 능력, 즉 개인이 갖는 지식과 기술이다. 유능감을 키우려면 어려서부터 긍정적인 자아 정체감, 대인관계 능력, 공감이나 배려, 도덕성 같은 사회가 요구하는 가치와 행동 등을 습득해야 한다.

아이의 유능감을 키우는 데 있어 무엇보다 중요한 것은 부모와 자녀와의 바람직한 애착 관계이다. **유능감은 사회, 즉 대인관계에서 발휘되는 능력이다. 대인관계의 기술을 얻으려면, 아이가 만나는 다양한 사람들이 있어야 하는데, 그 첫 번째 존재가 바로 부모이기 때문이다.**

아이가 엄마, 아빠와 어떤 관계를 맺고 있느냐에 따라 아이는 나이가 들면서 점차 확대되는 인간관계를 긍정적이고 바람직한 방향으로 발달시켜나갈 수 있다. 만약 아이가 부모와의 관계 대신 게임이나 인터넷, TV 등 일방적인 소통 형태의 매체들에 빠져 있다면 유능감에 방해가 되는 것은 당연한 일이다.

그러나 취학 전 여러 환경이 아이의 유능감을 키우는 데 적절치 못했다 하더라도 기회는 남아 있다. 아이가 학교에 입학하면서 만나게 되는 선생님이나 또래친구 관계 속에서도 유능감을 키워갈 수 있기 때문이다.

✳ ✳ ✳

내향형 아이의
자존감 키우는 방법

활달하고 외향적인 아이와 달리 내성적인 아이는 부모 눈에 자신감과 유능감이 없는 아이로 비춰질 수 있다. 하지만 내향형인 아이에게는 차분하고 침착하다는 장점이 있다. 아이의 장점을 칭찬해주고 아이 성격에 맞춰 새로운 과제와 도전을 제시하기 위해 조용하고 내성적인 아이의 자존감 키우는 방법을 알아보자.

내향형 아이의 가족이 가장 먼저 할 일은 순하고 내성적이면 경쟁에서 뒤진다는 오해에서 벗어나기다. 흔히 성격이 내성적이라고 하면 어떤 특징이 생각날까? 처음 보는 사람과 스스럼없이 대화하는 것을 어려워한다, 매사 조용하고 늘 있는 듯 없는 듯하다. 타인와의 상호작용에서 소극적인 행동을 보인다, 다른 사람과 어울리기보다는 혼자서 몰입하는 놀이나 취미를 즐긴다, 자신의 감정을 즉각적으로 표출하는 것을 어려워한다……. 아마 이런 말들로 표현할 수 있을 것이다. 반대로 외향적인 아이는 어떤 일에도 시원시원하게 앞장서기도 하고, 처음 알게 된 친구와도 거리낌 없이 농담을 주고받으며, 낯선 곳에 가서도 주눅 들지 않고 씩씩하게 적응한다고 생각한다.

이런 성격의 차이 때문에 부모는 아이가 내성적이면 자존감 형성에 문제가 있지 않을까 오해할 수 있다. 사람들 앞에 나서기를 힘들어하는 이유는 워낙 기질이 순하거나 자신감이 없기 때문이라고 여긴다. 기질이 순하거나 자신감이 없으면 경쟁 사회에서 다른 아이에게 뒤처질 것이고, 이로 인해 자존감 형성도 어렵지 않을까 고민하는 것이다.

하지만 문제는 아이의 성격 자체가 아니다. **내향이라는 성향 자체는 아이의 자존감에 크게 문제가 되지 않는다.** 하지만 아이 성격 때문에 이러저러할 것이라는 부모의 잘못된 편견과 그릇된 양육 방식이 아이의 자존감을 꺾을 수 있다.

부모는 내향형 아이에게 조바심을 낼 수 있다. 어떤 문제나 상황에 놓일 때 아이는 차분히 생각하고 자신이 할 수 있는 행동을 결정한 후 신중하게 움직일 수 있다. 이때 주양육자가 기다려주지 못하고 "도대체 왜 그래? 이게 뭐 무섭다고 그렇게 겁을 내니?" "너도 옆집 ○○처럼 회장 선거에도 좀 나가봐. 이 다음에 뭐가 되려고 그 모양이야?" 하는 등 다른 아이와 비교하며 비난하는 투로 말한다면 아이는 자존감에 상처를 입을 수 있다. **성격 때문이 아니라, 부모의 말 한마디에 아이의 자존감이 좌우되는 것이다.**

또 아이의 내성적인 성격을 고쳐보겠다고 갑자기 낯선 사람들이 가득한 해병대 캠프나 극기 훈련 캠프 등을 보낸다고 가정해보자. 부모가 생각하기에는 새로운 도전을 통해 아이에게 자신감과 적극적인 성격을 길러주는 좋은 방법일지 모른다.

하지만 아이에게는 너무나 급작스럽고 어려운 도전일 수 있다. 아이의 자존감을 생각한다면 아이의 능력에 걸맞는 도전부터 시작해본다. 처음에는 하루 일정의 체험 학습, 가족단위의 주말농장이 제격이다. 아이가 다른 사람들과 어울리고 그 시간을 즐기는 것에 성공한다면 이후에는 약간 어려운 도전, 또 그것이 성공한다면 그때 더 어려운 도전 과제를 주어야 한다. 내성적인 성격을 단번에 고치겠다고 갑자기 낯선 사람, 낯선 환경 등에 아이를 떨어뜨린다면 오히려 부작용만 키울 뿐이다.

내성적인 성격은 아이의 기질이나 성향, 특징일 뿐 결코 단점이 아니라는 사실을 기억해야 한다. 순하고 내성적인 성격이라면, 아이의 성격을 장점으로 살릴 수 있는 과제와 도전을 줌으로써 자존감을 키우는 것이 필요하다.

역사 속 위인들이나 우리 사회의 리더 중에서는 조용하고 내

성적인 성격을 자신의 장점으로 극대화해 성공한 경우도 많다.
가령 아이가 어려운 문제를 만났을 때 깊이 있는 생각과 침착한 태도로 난관을 헤쳐나간다면, 이 부분을 아낌없이 칭찬해주자. 열심히 말하고 있는 친구 앞에서 얌전한 내 아이가 듣고만 있다면, 친구의 말을 경청하는 태도에 대해 칭찬하자. 그리고 "맞아, 나도 그래." 혹은 "난 이렇게 생각해." 등과 같이 자기를 표현하는 방법에 대해 일러준다. 아이는 자신감도 기르면서 자신의 성격을 장점으로 살려나갈 것이다.

그런데 예외적으로 조용한 성격이 문제가 될 때도 있다. 겉보기에는 얌전하고 차분해 집중력도 높고 과제 수행 능력이 높을 것 같은데, 결과는 영 딴판인 경우이다. 예를 들어 수업 시간에나 부모님 말씀에 귀 기울이는 듯 보이지만 학습능력이 떨어지고 부모님의 지시를 그대로 따르지 못하는 것, 과제나 놀이할 때 부주의해 자주 실수를 하거나 집중하지 못하는 것, 자기 물건을 자꾸 잃어버리는 것, 일상적인 활동을 자주 잊어버리는 것, 과제를 끝까지 마무리하지 못하는 것 등 바로 '주의력결핍'인 경우이다.

특히 초등 저학년에서 고학년으로 올라가면 학업과 과제가 어려워지면서 문제가 될 수 있다. 이런경우 ADHD(주의력결핍 과잉행동장애) 중 주의력결핍 즉 부주의형은 아닌지, 전문 기관의 상담을 받아본다.

내향형 아이의 자신감을 키우는 방법

소극적이고 내성적인 아이로 불리는 내향형 아이는 자기 의지대로 행동하는 것을 어려워하는 경향이 있다. 또 새로운 환경이나 대인관계에 적응하기 힘들어하고, 하고 싶은 이야기가 있어도 잘 표현하지 못하는 경우도 많다. 하지만 부모의 눈에 보이는 소극적 혹은 내성적인 성향은 단점이라고 할 수 없다. 그보다는 아이의 기질적 특성일 뿐이라고 이해하고 수용해야 한다. 외향적이고 매사 적극적인 아이가 훨씬 우수하다는 편견을 갖지 않기를 권한다.

부모는 아이가 맞이한 결과보다는 과정을 중요하게 생각한다. 결과에 집착해 평가하기보다는 아이를 있는 그대로 인정해주고, **실수에 대해 아이에게 면박을 주거나 겁주지 않도록 한다.** 실수를 무서워하게 되면 아이의 소극적, 내성적 성향이 더 강화될 수 있다.

아이들과 어울릴 수 있는 자연스러운 기회, 쉬운 것부터 새롭게 도전할 수 있는 계기를 마련해준다. 이 과정 중에서 아이가 보인 노력을 인정해주고, 성취감을 맛볼 수 있도록 칭찬해준다.

아이가 하나의 목표를 정하고 이를 위해 노력한다면, 사소한 변화라도 알아봐주고 격려해준다. 부모의 칭찬이 가장 큰 용기를 불어넣는다는 사실을 기억하자.

퇴행 행동을 하는 아이의 자존감 회복법

아이는 심하게 앓고 난 이후, 충격적인 사고 이후, 동생을 본 이후 등에 퇴행 행동을 보일 수 있다. **퇴행 행동은 아이가 심리적으로 갈등을 겪고 있거나 좌절을 경험하고 있다는 신호**이다. 아이의 퇴행 행동을 방치하면, 그 행동이 고정되어 발달상 문제가 될 수도 있으므로 부모가 발달이나 자존감의 회복을 위해 노력해야 한다.

우리는 〈아이의 사생활〉을 만들고 이 책을 쓰는 과정에서 **아이가 퇴행 행동을 하게 되면 가족들이 더 많은 관심과 애정을 쏟아야 함**을 알게 되었다. 아이에게 가족이 자신을 아주 많이 사랑하고 있다는 것을 느끼도록 해주는 것이 중요하다.

이전의 사진들이나 비디오 등을 보여주면서 아이가 어떻게 성장하고 발달했는지, 과거와 현재의 모습을 보여주고 이야기해준다. 그리고 시간을 정해놓고 마음 편하게 아기놀이를 할 수 있도록 유도한다.

이 시기에는 절대 비교하는 말을 해서는 안 된다. "형이 동생이랑 똑같아서야 되겠어? 동생보다 더 밥도 잘 먹고 의젓해야지" 하며 아이의 자존감에 상처가 되는 말은 삼간다.

부모는 아이의 퇴행 행동을 할 때 행동 자체에 집중해서는 안 된다. 너무 받아주거나 화내지 말고 적당히 무심한 태도로 넘기는 것이 가장 좋다. 반면 아이가 잘하고 있는 다른 것에 관심을 보이고 칭찬해보자.

사례

겁부터 먹고 거짓말하는 아이

> 일곱 살 정인은 언제부터인가 자신에게 불리하거나 자기가 혼날 상황이 되면 "내가 안 그랬는데"라는 말부터 내뱉는다. 혼자 놀고 있을 때 주양육자가 어질러진 장난감을 쳐다보기만 해도 "내가 안 어지럽혔어" 하는 식이다. 오늘은 색종이로 바람개비를 만들고 있는 모습을 옆에서 지켜보다 종이를 잘못 자른 것 같기에 "이건 왜 이렇게 잘랐어?" 했더니 "내가 안 그랬는데" 하는 게 아닌가. "그럼 이걸 누가 했어?" 했더니 "나도 몰라. 내가 안 그랬어"만 반복한다.

야단맞을까봐 미리 변명을 하는 걸까? 말하기도 전에 겁부터 먹는 아이, 어떻게 할까.

사람은 누구나 대화를 할 때 '상대가 나를 비난할까? 내 마음을 이해할까?' 같은 두려움을 갖는다고 한다. 아이도 마찬가지다. 자신이 말할 때 부모가 잘못을 지적하며 비난할까봐, 부모가 자기 말에 관심을 보이지 않을까봐, 자기 마음을 이해하지 못할까봐 자신의 생각이나 의견을 말하지 못하고 횡설수설하게 된다. 그러면 보통 부모는 이런 아이의 모습에 짜증이 나 귀 기울여 듣지 않거나 아이를 다그치게 된다.

아이의 이런 두려움이 어디에서 시작됐는지 곰곰이 생각해보자. 평소 아이가 무슨 말을 할 때 중간에 끼어들어 아이의 잘못을 지적하거나 아이를 비난하지 않았는지. 대화에 두려움을 갖고 있는 아이도 부모가 눈을 맞추고 고개를 끄덕이며 들어주면 편안하게 자신의 이야기를 할 수 있다.

양육자가 말을 꺼내기도 전에 겁을 먹는다면, 평소 양육자가 아이와 대화할 때 지나치게 비판적이거나 비난하는 태도를 보였을 가능성이 높다. 강압적이고 일방적으로 지시하는 태도 역시 아이를 주눅 들게 만든다.

"이게 뭐야? 청소한 지 한 시간도 안 됐는데, 이렇게 어질러놓으면 어떡해?"

"엄마가 장난감 가지고 놀아도 된다고 했잖아."

"그렇다고 이렇게 난장판을 만들어? 이거 치우려면 내가 얼마나 힘든 줄 알아?"

"치, 놀라고 해놓고. 다른 거 안 하고 블록만 만들게."

"됐어! 지금 당장 다 치우고 그림책이나 봐!"

이 경우는 그나마 아이가 변명이라도 하고 블록만 가지고 논다는 나름대로의 해결방안을 제시하고 있다. 하지만 이런 윽박지르는 상황이 반복되면 아이는 입을 닫아버리고, 주양육자가 말을 꺼내려 하면 미리 주눅이 들어버리게 된다.

자존감에 있어 공감과 이해가 얼마나 중요한지는 이미 수차례 얘기했다. 아이가 아이다워질 수 있도록 있는 그대로 받아들이는 것 역시 공감에서 중요한 요소이다. **엄마는 장난감을 어지럽혀 치울 일이 막막하더라도 일곱 살 아이기에 충분히 그럴 수 있다는 점을 떠올려야 한다.** 장난감을 실컷 탐색하고, 그것을 가지고 자유롭게 놀고 싶은 아이의 마음을 먼저 이해한다면 이런 강압적인 태도는 보이지 않게 될 것이다.

하지만 문제는 정인이가 미리 겁을 먹고 거짓말을 한다는 것이다. 아이들이 거짓말을 하는 이유는 두 가지이다. 하나는 누구나 다 알고 있듯이 자신의 잘못을 덮고 혼나는 일을 피하기 위해서이다.

또 다른 이유는 아이가 현실과 상상을 구분하지 못하기 때문이다. 어린 아이는 자신이 생각하고 상상하는 것이 실제로 일어난다고 생각해 거짓말을 할 때가 있다. 꿈속에서 일어난 일을 마치 실제 겪은 일처럼 이야기하는 것도 다 같은 맥락이다. 이때 아이는 자신이 거짓말을 하고 있다는 것과 거짓말이 나쁘다는 것을 인식하지 못한다. 현실과 상상을 구분하지 못하는 것은 2~7세에 나타나는 현상으로, 정인 역시 이에 해당될 수는 있다.

정인은 이미 자신이 잘못했다는 것을 알고 있다. 알고는 있지만, 자신의 욕구를 이기지 못했을 수도 있고 주양육자가 자신을 이해해주길 바라는 마음에 일을 저질렀을 수도 있다. 그러다 자신이 벌여놓은 일 때문에 엄마 표정이 굳어지는 걸 보고 덜컥 겁이 난 것이다. 이때의 거짓말은 악의적인 것이 아니라 '나도 모르게' 나온 것으로 봐야 할 것이다.

엄마는 사고를 친 것도 모자라 거짓말까지 한다며 더 화가 나겠지만, 아이가 왜 거짓말을 했는지부터 따져봐야 한다. **"와! 아주 신나게 놀고 있구나. 장난감을 마음껏 만지고 놀 수 있어 재미있지?"** 하고 공감해준 다음 **"그런데 이렇게 어질러놓으면 내가 치우기 힘들구나. 동생이 들어왔다 다칠 수도 있고. 다 가지고 놀고 나서 엄마랑 같이 치우자"라고 말한다면 아이는 다음에 비슷한 상황이 벌어져도 거짓말을 하지 않을 것이다.**

아이가 잘못한 상황이 아니고 혼을 내려는 것도 아닌데 겁을 먹을 때도 마찬가지다. 아이가 주눅 들지 않도록 엄마의 표정부터 점검해보자.

"거짓말하는 것, 내가 다 알거든?" 하는 대신 "혼내려고 그러는 게 아니야. 정인이가 어떤 바람개비를 만들지 궁금해서 그래" 하면 아이는 자신의 생각을 편안하게 말할 것이다.

만약 그래도 아이가 겁을 먹는다면 질문의 방법을 바꿔보는 것도 좋다. "왜 이렇게 잘랐어?"보다 "어떤 모양을 만들려고 이렇게 잘랐어?" 하고 물어보자. **"왜"를 "어떻게"로 바꾸면 아이는 훨씬 편안하게 받아들일 것이다.** 아이의 방법이 틀렸더라도 "이게 뭐니? 이렇게 만들면 바람개비 안 돌아가"가 아니라 "내가 알고 있는 방법과 다르게 잘랐네. 어떤 바람개비가 될지 기대된다"로 주양육자가 믿고 지지하고 있음을 표현해야 한다. 모든 아이는 부모가 자신을 믿고 기다려주기를 원한다.

> **사례**

이기기 위해서라면 나쁜 짓도 괜찮은 아이

> 지우의 부모님은 이번 기말 학력 평가가 끝나고 나서 선생님의 전화를 받았다. 잠시 학교를 방문해주시면 지우 얘기를 하고 싶다는 것이었다. 지우 부모님은 가뜩이나 지우의 욕심 많은 성격이 걱정되었는데 선생님의 전화를 받고 보니 보통 일이 아니다 싶었다. 지우에게 물어보니 이번 기말 학력 평가 시험을 볼 때 친구 시험지를 두 번 '흘깃' 보았을 뿐이라고 했다. 사실 이런 일이 한두 번이 아니었다. 1학년 때는 자기보다 칭찬 스티커 개수가 많은 아이의 것을 몰래 떼어내다 들키기도 하고, 읽지도 않은 책을 읽었다고 독서장에 적는 일도 많았다. 지우는 누구한테 뒤지는 것을 너무 싫어한다.

11, 12세 이전의 아이는 자기 자신의 평가보다 남이 자신을 어떻게 보는가를 중요하게 여긴다. 칭찬과 평판을 중요시하기 때문에, 어떤 행동을 했을 때 학교선생님이 아이들 앞에서 자신을 추켜세우면 그 경험은 오래도록 행복한 기억으로 남게 된다. 당연

히 남들에게 칭찬받는 경험을 자주 갖고 싶어 한다. 칭찬과 격려는, 아이의 도덕성을 길러주는 데 있어 가장 '약발' 있는 방법이다.

아이가 학교 운동장에서 1만 원을 주웠다. 아이는 마음속으로 1만 원을 가지고 좋아하는 장난감을 살까, 아니면 선생님께 갖다드릴까 하며 수많은 고민을 하게 된다. 하지만 온갖 유혹을 떨쳐내고 아이는 1만 원을 선생님께 갖다드린다. 선생님은 아이의 도덕적 행동에 대해 칭찬하게 되고, 아이는 이 경험을 기분 좋은 것으로 저장, 앞으로도 같은 상황에서는 똑같은 행위를 하게 된다. 아이들의 도덕성은 이렇게 점점 강화된다. 하지만 잘못된 칭찬과 격려가 오히려 아이에게 그릇된 행동을 불러올 수도 있다.

우리는 농담으로 '1등만 기억하는 더러운 세상'이라는 말을 한다. 말뜻 그대로 **1등, 최고가 아니면 안 된다는 생각을 심어주거나, 1등이나 최고가 되기 위해서는 그릇된 방법이어도 상관없다는 잘못된 가치관을 심어주면 이것은 잘못된 칭찬이다.**

시험을 본 아이가 95점을 받아 왔다. 부모는 "1개 틀렸네? 반에서 누가 제일 잘했어? 네가 몇 등이야?" 묻는다. 아이는 아무렇지 않게 사실 그대로 이야기한다. "응, 내가 제일 잘한 것 같아." 아이의 말을 들은 부모는 그제야 얼굴이 확 펴지며 미소를 띤다. "우리 아들 최고네. 잘했어. 다음에는 100점 받자. 그리고 1등 했으니 약속대로 네가 좋아하는 장난감 사줄게." 아이는 이와 유사한 칭찬의 과정을 겪으며 1등은 부모를 기쁘게 하는 것, 1등 하면 물질적 보상이 있는 것, 무조건 1등은 좋은 것 등의 생각을 갖게 된다.

아이를 칭찬할 때에는 결과보다는 과정을 말하는 것이 좋다. 1등을 해서가 아니라, "네가 매일 학습지를 열심히 풀더니 이번에 1등을 했구나" "선생님이 네가 수업 시간에 집중을 잘한다고 하시던데 그래서 1등을 했구나" 하는 식으로 좋은 결과를 얻기 위해서는 정당한 과정, 즉 노력의 과정이 있었다는 사실을 아이에게 인식시켜줄 필요가 있는 것이다.

더불어 아이가 기대에 미치지 못한 결과를 받아왔을 때에는 격려하며 자신감을 불어넣어줘야 한다. "80점? 네가 이럴 줄 알았어. 매일 컴퓨터 게임만 하더니……"라며 아이를 비난하기보다는 "어떤 점이 어려웠니? 맞는 것도 중요하지만 틀린 것을 살펴보는 것이 더 중요해. 틀린 문제가 너를 더 발전시킬 거야. 자, 우리 함께 살펴볼까?"라는 말로 아이에게 '나도 할 수 있다, 더 잘할 수 있다'는 자신감을 심어주도록 한다.

어쩌면 지우는 처음부터 욕심이 많았던 아이가 아니었을 수 있다. 어릴 때 소소한 욕심에서 비롯된 아이의 고집과 끈기 등을 부모가 칭찬하면서 아이는 그런 자신의 행동을 좋은 것, 당연한 것으로 여기고 강화했을 수 있다. 고집과 끈기는 어찌 보면 문제

해결능력에 꼭 필요한 요소일 수 있다. 하지만 결과에만 집착하는 고집과 끈기는 문제 해결 중에 잘못된 과정을 끌어들이는 악수惡手가 된다.

우선 지우의 도덕성을 위해서라도 잘못된 과정에 대해서는 따끔한 지적이 필요하다. "이번 시험에서 100점을 받았는데 친구의 답을 하나 훔쳐보았다"라고 말했을 때 선뜻 학교에 가서 "아이가 친구의 답을 보고 썼으니 점수를 낮춰 달라"고 자청할 부모는 흔치 않을 것이다. "그건 나쁜 짓이다. 다음에는 절대 그러지 마라"가 최선일지 모른다. 하지만 착한 행동 후 첫 칭찬이 연약한 아이의 도덕성을 튼튼하게 하는 것처럼, 잘못된 행동 후 첫 대처가 아이의 그릇된 가치관을 교정해줄 수 있다.

대개의 부모는 아이에게 정당한 수단으로 1등이 되라고 가르친다. 이것이 아이에게 도덕성을 가르쳐줄 것이라고 기대한다. 하지만 '1등만이 최고'라는 잘못된 인식도 함께 심어줄 수 있다. 아이의 자존감을 위해서라면 최선을 다하는 법을 알려줘야 한다. "너는 충분히 잘할 수 있다. 네가 너의 목표를 위해 정당한 방법으로 최선을 다했다면, 그것으로 되었다. 너는 훌륭하다." 아이의 자존감을 키우려면 이렇게 말해야 한다.

사례

말을 횡설수설하거나 더듬는 아이

초등학교 2학년인 성우는 무슨 말이든 "어~"를 붙여가며 뜸을 들인다. 특히 상황을 설명하거나 자신의 생각을 말할 때는 더 심해진다. "어~ 내가…… 어~ 순대…… 먹자고 했는데…… 어~ 시현이가 어~ 집에…… 강아지가……." "그래서 강아지 때문에 집에 일찍 가야 된다고?" "아니…… 어~ 강아지가…… 어~" "그럼, 강아지가 순대 좋아한대?" 잠자코 성우의 말을 기다리던 부모는 답답해 미칠 지경이다. "어~" 하는 특유의 억양이 있는 말을 붙이는 건 어려서부터 있던 버릇이다. 어느 정도 자라면 없어지겠지 하며 말할 때마다 참고 기다렸지만, 아홉 살이 된 지금까지도 나아질 기미가 보이지 않아 걱정이 이만저만이 아니다.

아이는 자신의 상황을 설명하거나 의견을 말하는 도중 자주 말실수를 한다. 어른도 다르지 않다. 평소 가까운 사람들과 대화할 때는 말이 술술 나오지만, 낯선 사람이나 많은 사람이 모인 자리에서는 긴장하게 되고, 머릿속이 하얘지면서 무슨 말을 해야 할지 몰라 하거나 말을 더듬게 될 때가 있다.

처음부터 자신의 생각을 막힘없이 또박또박 말하는 사람은 없다. 더군다나 아이는 생각을 표현하는 데 익숙하지 않고 머릿속의 생각을 정리하는 데 서툴러 짧은 얘기도 오래 하거나 두서없이 장황하게 얘기하는 경우가 많다.

이런 경우, 그 원인을 자존감과 관련 짓기 어렵지만, 부모의 대응법이 아이의 자존감에 영향을 미칠 수는 있다. 아이는 자신의 말 더듬는 버릇을 고칠 수도 있고, 반대로 더욱 더 다른 사람을 기피하며 자존감이 낮은 채로 살아가야 할지 모른다. 아이가 말하는 데 뜸을 들이거나 두서없는 말을 하더라도 부모는 재촉하거나 다그치지 말고 아이 말이 끝날 때까지 기다려줘야 한다. 대부분의 부모는 아이의 말에 귀 기울이는 것에 익숙하지 않다. 아이에게 뭔가를 가르쳐야 한다는 생각 때문에 잔소리는 해도 아이 말을 가만히 들어줄 시간이 없다.

"있잖아…… 선생님이…… 그거…… 그거 있지……."

"그거 뭐? 숙제 말하는 거야?"

"아니. 저기…… 내가 밥 먹을 때…… 안 가져갔는데……."

"뭘 안 가져가? 식판?"

"아니, 그게 아니라…… 그거 뭐지?"

"아이! 내가 어떻게 알아? 똑바로 좀 말해봐. 2학년인데 아직도 그렇게 말하면 어떡해? 너 학교에서 발표할 때도 그러니?"

대화 상대가 말하는 것에 서툴면 누구나 짜증이 나고 답답함을 느낀다. 그렇다고 해서 "그래서 하고 싶은 말이 뭐야?" "아휴, 답답해. 바쁜데 빨리 좀 말해" 같은 태도를 보이면 아이가 자유롭게 의견을 말하는 데 오히려 방해가 된다.

아이 말을 듣는 척 건성으로 대답하면서 하던 일을 계속해도 안 된다. 부모의 이런 태도 때문에 아이는 마음이 조급해지고, 자기 말을 들어주지 않을까 불안해 말을 더 더듬게 된다.

아이가 하려는 말을 미리 짐작해 "포크 안 가져가서 선생님이 빌려줬다고?"

하며 아이보다 먼저 말해서도 곤란하다. 부모 딴에는 미리 말해주면 아이가 자신을 보고 말하는 법을 배울 것이라 생각한다. 하지만 **주양육자가 먼저 짐작해 말해줘 버릇하면 아이는 머릿속에 생각이 정리되고 어휘력이 늘어도 그것을 입 밖으로 표현하지 못하게 된다.**

말을 더듬지 않고 잘하게 되려면 그만한 훈련을 거쳐야 한다. 웅변대회를 연습하듯 여러 사람 앞에서 발표하는 것만이 말하는 훈련이 아니다. **아이가 말할 때 조바심이 나고 답답하더라도 잠자코 기다려주는 것이 아이에게는 가장 좋은 훈련이다.**

그럼 어떻게 시작해야 할까? 우선 편안하게 말할 수 있는 분위기를 만들어준다. 조용한 환경에서 아이와 눈을 맞추며 기다리자. 공감형 의사소통의 한 방법인 추임새를 적극 활용하면 좋다. 고개를 끄덕이면서 "아 그랬구나", 놀라는 표정을 지으며 "정말?", 환하게 웃으며 "와! 재미있었겠네" 하는 반응을 보이면 아이는 주양육자가 내 말을 알아듣는구나 생각해 자신감을 가지고 다음 이야기를 이어갈 것이다.

아이가 말실수를 할 때도 그 자리에서 지적하거나 바로잡아주면 안 된다. 정확한 발음으로 문법에 맞게 말하는 것보다 아이가 생각을 자유롭게 표현할 줄 아는 것이 더 중요하다. 굳이 정확한 발음과 문법을 강조하고 싶다면 아이 앞에서 부모가 모범을 보이면 된다.

"놀이터 갈 때는 운동화 입고 나간다요" 하는 말에 "에이, 운동화는 입는 게 아니라 신는 거지. 그리고 나간다면 나간다고 나가요면 나가요지, 나간다요는 또 뭐야?" 하고 무안을 주면 아이는 더 자신감을 잃게 된다. "그래, 놀이터 갈 때는 운동화 신고 가지. 엄마(아빠)도 운동화 신고 나가요" 하고 다시 한 번 말해주면 그것으로 충분하다.

STEP 3.

> 아이가 자기 삶의
> 리더임을 인정하기

✱ ✱ ✱
아이는 독립적인 인격체

아이를 잘 키운다는 것은 어떤 의미일까? 단순히 아이에게 더 좋은 사회적 배경을 제공하고, 더 많은 물질적 풍요를 주는 것이 아이의 성장에 도움이 되는 것일까? 아기를 갖게 된 순간부터 부모인 우리는 늘 이 문제를 고민해왔다. 아마도 **부모가 자녀를 키운다는 의미는, 아이가 어른이 되었을 때 독립적인 존재로 자신이 원하는 삶을 살 수 있도록 힘을 길러주는 일**일 것이다. 독립적이며 자존감이 높은 아이로 키우기 위해 부모는 아이의 행동을 옆에서 믿고 지켜봐주는 인내심이 필요하다. 지나친 간섭과 잔소리를 하는 것은 문제는 해결하지 못하면서 아이의 자존감을 떨어뜨린다.

아이의 독립성을 인정하고 자존감을 키워주려면 아이를 인격적으로 존중하는 것이 좋다. 이것은 단순히 아이에게 존댓말을 쓰는 것으로 끝나는 것이 아니다. 부모 중에는 존댓말하는 것을 아이를 존중하는 것으로 오해하며, 실제로는 아이의 행동을 체크하고 조정하는 경우가 많다. 이럴 경우 친절한 어투와 목소리는 오히려 아이에게 반항심을 불러일으킨다.

"엄마는 존댓말만 쓰면 뭐해요. 결론은 뭐든지 '안 돼'잖아요."

아이는 어떤 경우에 진심으로 자신이 존중받는다고 여길까? 아이에게 의사결정권을 줄 때이다. 가령 "밥 먹었으니, 공부해야죠? 오늘은 수학과 과학 문제집을 풀어야 할 차례네요. 다 풀고 난 다음에 검사할 거예요"라고 말하는 부모와 "밥도 다 먹었는데 무엇을 하고 싶니? 네 계획을 듣고 싶어"라고 말하는 엄마 중 누가 더 아이를 존중하는 것일까?

아이의 계획을 먼저 듣기 위해 마음을 열어놓은 부모가 진정 아이를 더 존중하는 쪽이다. 이렇게 **아이의 결정을 이해하고 수용해주는 부모는 아이의 자존감을 더욱 키워준다. 반대로 아이의 할 일을 강요하는 부모는 아이의 자존감을 낮추는 결과를 만든다. 아이들은 부모의 지휘보다는 자신이 도움을 요청할 때 귀를 기울여주는 무관심 속의 관심을 원한다.**

그런데 주의해야 할 것이 있다. 모든 것을 부모가 대신해줘도 안 되지만, 모든 것을 아이에게 맡겨서도 안 된다는 점이다. 즉 아이의 독립성과 자존감을 키워준다고 해서 처음부터 무조건 혼자서 해내기를 기대하는 것 또한 잘못된 것이다. 우리도 무엇인가 처음 배울 때는 부단한 연습을 하게 된다. 하지만 어느 누구도 연습 때의 실패를 두고 비난하거나 화를 내지는 않는다. 운전면허를 따기 위해서는 강사에게 지정된 시간 동안 연수를 받아야 제대로 할 수 있는 것과 같이 아이도 마찬가지다. 스스로 해내기 전 한두 번은 부모가 친절히 시범을 보여주어야 하며, 아이가 연습할 때는 '잘한다'는 말로 격려해주어야 한다. 만약 아이가 끝까지 해내기 힘들어한다면, 아이를 자극하기보다는 어떤 부분에서 어려워하는지 살펴보고 그 부분만 다시 도움을 준다. 그러면서 점차 부모의 도움을 줄여나가는 것이다.

아이들 중에는 내성적이고 소심해 실패를 두려워하며 부모의 도움을 청하는 아이들도 있다. 이때 안타깝다고 부모가 모든 것을 대신해줘서는 안 된다. 혼자서 성공한 경험이 없는 아이는 모든 일에서 부모의 능력에 의존하기 쉽다. "할 수 있어" "지금 잘하고 있단다. 조금만 하면 될 거야"라고 칭찬을 해주자. 어릴 때 아이에게 걷는 연습을 시킬 때를 생각해보자. 닿을 듯 말 듯 손을 앞에 대고 아이가 한 발짝 내디딜 때마다 엄마 또한 조금씩 뒷걸음질쳤던 기억이 있지 않은가.

부모의 손을 놓고 혼자서 걷기 시작할 때부터 아이의 마음속에는 이미 독립심이 자라나기 시작했다. 이 과정에서 부모들은 아이가 넘어질까봐 걱정하지만, 혼자 걷도록 하기 위해 한 발 물러선다. 아이의 자존감과 독립성을 키워주는 모든 일이 이와 같다. 부모의 도움은 필요하지만 아이가 성공할 수 있을 만큼의 '최소한의 개입'만 필요할 뿐이다.

아이에게 휘둘리는 부모여서도 안 된다. "아이가 너무 간절하게 힘들다고 하는데, 혼자서 하라고 어떻게 매정하게 말해요?"라고 말하는 부모는 이미 아이에게 휘둘리고 있는 것이다. 아이는 자신에게 가장 유리한 방법을 본능적으로 알고 있다. 부모가 무엇에 약한지 알고 그것을 자신의 목적을 위해 사용한다. 애원 또는 투정, 울음, 애교 등으로 부모를 다루기 시작하는 아이는 스스로 난관을 헤쳐가려고 하기보다는 끊임없이 누군가의 도움을 청하려고 한다.

아이들은 칭찬받을 때도 자존감이 올라가지만, 자신이 해낼 수 없는 목표를 달성하고 극복했을 때도 자존감이 높아진다. 따라서 능력을 발휘할 기회를 많이 가질수록 아이의 자존감은 올라가며, 또한 새로운 장애물에 겁을 먹지 않고 도전하려는 의욕을 갖는다. **아이에게 휘둘리지 않기 위해서는 부모가 자신의 기준을 잘 세워야 한다. 도와줄 수 있는 것과 그럴 수 없는 것이 무엇인지 생각하고 명확하게 기준을 세우고 있어야 아이의 독립심과 자존감을 키울 수 있다.**

그리고 아이가 스스로 결정할 수 있는 폭을 점점 늘려주는 것이 좋다. 부모는 아이가 어리다는 이유로 모든 것을 대신 결정지으려고 한다. 많은 세상 경험을 한 부모의 입장에서는 어떤 것이 더 좋은 방법인지 한눈에 보인다. 그렇다고 해서 그 방법을 아이에게 강요하면 아이는 스스로 아무것도 결정짓지 못하는 아이로 자랄지 모른다.

특히 요즘에는 그런 아이들이 많다. 대학교 원서를 낼 때도 학교에 문의 전화를 거는 사람은 학생이 아니라 학부모라고 한다. 자신이 받은 성적에 항의를 하는 사람도 학생이 아닌 학부모라고 한다. 자녀에 대한 비뚤어진 애정으로 모든 것을 부모가 대신 해주는 사회가 되어버린 것이다.

"너는 바쁘니까, 이건 내가 대신 할게. 너는 공부나 해."

아이가 올바른 인격체로 자라는 데 있어 가장 중요한 것은 스스로 선택한 길에 노력하고 그 결과를 받아들이며, 더 좋은 결과를 위해 부단한 도전을 하는 것이다. 그런데 부모는 '공부'와 '취업'이라는 미명하에 아이를 아무것도 혼자서할 수 없는 공부하는 기계로 만들어버리려고 한다.

모든 결정을 부모가 대신 해주었던 아이가 사회에서 자신의 목소리를 제대로 낼 수 있을 리 없다. 그저 말초적인 즐거움만을 찾고, 자신의 미래 또한 친구, 직장 동료, 혹은 배우자 등 남에게 맡기는 어른으로 자랄 뿐이다.

부모가 믿어야 할 아이의 가능성

아이들은 누구나 저마다의 능력을 갖고 있다. 아이의 자존감을 높여주기 위해서는 아이의 능력을 제대로 찾아 충분히 발휘할 수 있도록 도와주어야 한다.

아이가 재능을 보이고 하고 싶어 하는 분야를 무시한 채, 사회적 성공을 위해 부모가 원하는 분야를 공부해야 한다고 생각해보자. 꽃과 나무를 좋아하고 예술적 재능이 있는 아이는 조경학자나 플로리스트가 되기를 바란다. 그런데 부모는 동시통역사가 되어야 한다며 아이를 매일 영어 학원에 보내고 영어 단어 10개씩 외우기를 강요한다면, 아이의 자존감은 어떻게 될까? 잠재 능력도 없고, 흥미도 없는 일에 매달린다면 능력과 흥미를 갖고 덤비는 경쟁자에게 매번 패배감을 맛볼지 모른다. 아이는 자신의 능력을 비하하며 열패감에 사로잡힐 것이다.

하지만 반대의 경우라면 상황은 달라진다. 아이는 자신이 잘하는 일, 할수록 재미있는 일에 더욱더 매달리게 될 것이다. 실패해도 또다시 노력할 것이다. 그리고 재능에 노력까지 더해졌으니, 좋은 결과 역시 충분히 예측할 만하다. 아이의 자존감을 위해 주양육자가 아이의 잠재 능력과 호기심을 제대로 파악해야 하는 이유이다.

교육심리학자 하워드 가드너Howard Gardner와 교육학자 데이비드 퍼킨스David Perkins는 인간의 예술 및 창의력 발달 과정에 대한 연구를 통해 '하버드 프로젝트 제로'를 추진한 바 있다. '제로'의 의미는 지능에 대한 고정적인 관점을 0으로 보고 새로운 관점에서 출발하겠다는 뜻이었다.

이 프로젝트는 예술과 창의력에 관한 연구로 시작되었지만, 차차 범위를 넓혀 새로운 지능 이론을 만들어냈다. 그것이 바로 '다중지능이론'이다. 이전까지 우리는 아이의 능력을 지능 지수 IQ로 판단하고 있었다. IQ가 높은 아이는 능력이 뛰어나며 무엇이든 잘할 수 있을 것이라고 믿었으며, 반대로 IQ가 낮은 아이는 다른 능력을 갖고 있다고 하더라도 단순한 특기 정도로만 치부되었을 뿐이었다. 하지만 하워드 가드너는 뇌 과학의 발달과 더불어 우리가 이제껏 생각해왔던 재능 또한 두뇌의 여러 부분의 능력이 발휘되어 나타난다는 것을 밝혔다. 재능이 단순히 한 분야의 지능만으로 이루어진 게 아니라 다양한 분야의 지능이 유기적으로 얽혀서 나타난 결과라는 것이다. 이런 연구 결과는 겉보기에는 그저 평범한 아이들에게도 더 많은 기회의 문을 열어주었다. 이제까지 "아이가 머리는 나쁘지만, 친구들은 잘 사귀어"라고 했다면, 다중지능이론을 통해 이 아이를 보면 "논리수학지능은 낮지만 대인관계지능은 뛰어나"라고 말할 수 있다.

가드너는 다중지능이론을 통해 8가지의 지능을 밝혀냈는데, 언어지능, 논리·수학지능, 공간지능, 신체운동지능, 음악지능, 대인관계지능, 자기이해지능, 자연친화지능이 그것이다. 그에 따르면 인간은 누구나 자신만의 감정지능을 모두 갖고 있으며, 하나뿐 아니라 두세 가지 지능이 동시에 강점을 보일 수 있다고 한다.

여러 강점지능의 조합이 만들어낸 능력은 각각 독립적으로 작용하는 것보다 더 큰 시너지를 주는 것은 분명하다. 강점지능이란 자신 안의 여러 지능을 비교해서 그중에서 높은 지능을 말한다. 남들보다 뛰어난 지능이 아니라, 아이의 지능 중에서 뛰어난 지능이다. 단순한 관심과 흥미가 강점지능을 결정하는 것이 아니라 아이가 그 행위에 대해 '몰입'하느냐에 따라 좌우될 수 있다.

강점지능이 나타나는 유형은 크게 둘로 나뉜다. 하나는 레이저형으로 한두 가지의 영역에서 현저한 강점을 보이는 경우이다. 예술가나 학자, 발명가들에서 나타난다. 또 하나는 서치라이

트형으로 단일 영역이 아닌 세 가지 이상의 영역에서 강점을 보이는 형태를 말한다. 특별하게 두드러지는 능력은 보이지 않지만 다양한 분야에 고른 지능을 사용함으로써 사회 전반을 바라보는 시각이 뛰어나다. 정치가나 사업가들은 이렇게 다양한 분야의 지능을 고루 가진 사람들이 많다.

가드너의 다중지능이론은 부모에게 한편으로 안도감을, 한편으로는 실망감을 심어주기도 한다. 이는 부모가 다중지능이론과 강점지능에 대해 올바른 지식을 갖고 있지 않기 때문이다. 많은 부모들은 아이의 강점지능을 마치 다른 아이가 갖고 있지 않은 천재성처럼 나타나는 것으로 알고 있다. 이는 잘못된 생각이다. 물론 영재나 천재의 경우 남들보다 뛰어난 능력을 발휘하며 두드러진 강점지능을 보이지만, 대부분의 아이들은 그렇지 않다는 것을 알아야 한다. 아이들 중 특출나게 두드러지는 강점이 없는 경우도 많다. 전체적으로 고른 점수를 보인다고 그 아이가 능력이 떨어지거나 문제가 있는 것은 아니다. 지능 검사에 나와 있지 않더라도 아이는 자신이 관심을 갖고 좋아하는 것에 반응을 한다. **부모가 무심히 넘기는 아이의 관심과 흥미가 바로 잠재력이라는 것을 알아야 한다.** 아이의 강점지능을 파악하기 위해서는 부모가 예민하게 아이를 관찰해야 하며 그 안에서 아이가 관심 있어 하는 부분은 무엇인지, 아이가 자신 있게 처리하는 과제는 어떤 것인지, 친구들이나 가족 앞에서 자랑스럽게 내보이고 싶어 하는 것은 무엇인지 관심을 기울여야 한다.

심리학자 미하이 칙센트미하이 Mihaly Csikszentmihalyi**는 아이의 재능 발굴에서 가장 중요한 신호를 '호기심'으로 봤다.** 강점지능과 연관된 호기심은 끊임없는 탐구를 통해 창의적인 사고를 만들어나가는 토대가 된다. 자신의 호기심을 탐구해가며, 그 안에서 좋은 결과를 얻은 아이는 자신에 대한 자존감이 높아진다.

아이의 '몰입도'도 아이의 재능 발굴에서 중요한 척도이다. 아이들의 재능과 흥미는 같은 방향으로 발달하기도 하지만 가끔 그렇지 않은 경우도 있다. 따라서 아이의 강점지능을 살펴보기 위해서는 좀 더 넓은 관점에서 여유를 갖고 아이의 관심과 재능을 살펴볼 필요가 있다. 아이들은 어떤 대상에 흥미나 호기심을 느끼면 그것에 몰입한다. 귀찮을 정도로 호기심을 보이며 질문을 하는 아이는 일차적으로 그 분야에 대한 재능이 잠재되어 있다고 판단할 수 있는 것이다.

아이의 재능을 찾아내는 것은 아이의 가능성을 확보한다는 점에서 부모에게 무척 중요한 일이다. 가능성을 믿는 부모는 아이에게 긍정적인 반응을 할 수 있고, 아이가 자신의 능력을 키워 가능성을 실현할 수 있도록 진취적인 사고를 심어줄 수 있다. 아이의 능력을 북돋워주며, '할 수 있다'는 확신을 심어주기도 한다.

아이의 자존감 형성에 부모의 격려는 가장 강력한 동력이 된다. 누구보다도 먼저 부모가 아이의 강점지능을 파악할 수 있도록 노력해보자.

심리학자 이론으로 찾아보는
내 아이의 강점

심리학자인 하워드 가드너는 지금까지 8가지 지능에 대해 소개했다. 각 지능의 특징은 무엇인지 살펴보고, 평소 내 아이가 어느 부문에 호기심을 갖고 몰입하는지 떠올려보자. 내 아이의 강점지능이 무엇인지 짐작해볼 수 있다.

· 언어지능

단어의 소리, 리듬, 의미에 대해 다른 사람보다 뛰어난 능력을 갖고 있으며 언어적 민감성이 뛰어나다. 말이나 글로 하는 활동에 능력을 보이며 새로운 이야기를 만들어내는 능력이 뛰어나다.

· 논리·수학지능

논리적 관계나 수학적 능력이 뛰어나다. 체계적이고 과학적인 방법으로 문제를 파악하며 원리를 이해하는 것만으로 충분히 문제를 풀어낸다. 수에 강해서 차량 번호판이나 전화번호 등도 잘 외운다. 조목조목 앞뒤 상황을 이야기하거나 실험 등을 즐긴다.

· **공간지능**

시각 및 공간적 세계를 정확하게 지각해낼 수 있으며, 색, 선, 모양, 형태, 공간에 대해 파악할 수 있는 능력이 뛰어나다. 추상적인 것을 구체적인 것으로 표현하기에 예술적으로 뛰어난 능력을 보인다.

· **신체운동지능**

운동능력뿐 아니라 자신의 신체를 이용해 사물을 만들거나 변형시키는 능력이 뛰어나다. 운동, 손재주, 연기 등의 능력이 모두 신체운동지능에 속한다. 손을 이용한 정교한 작업도 잘할 수 있다.

· **음악지능**

박자, 음정 등의 조화를 지각하고 변형하며 표현하는 능력을 말한다. 음악지능이 높은 사람은 언어적인 형태의 소리뿐만 아니라 비언어적인 소리에도 예민하게 반응한다.

· **대인관계지능**

다른 사람과 교류하고 그들의 행동을 해석할 수 있는 능력이다. 사람들의 기분, 의도, 동기, 감정을 지각하며 구분하는 능력이 뛰어나며 효과적으로 대응할 수 있다. 친구들이 많으며 관계에서 중심에 서는 경우가 많다.

· **자기이해지능**

자신에 대한 객관적인 이해 및 지식이 뛰어난 능력이다. 스스로를 통제하는 자기통제능력이나 자기관리능력, 자존감 등이 높은 사람이 여기에 속한다. 자신이 처한 문제를 주도적으로 해결해 나가는 능력이 뛰어나다.

· **자연친화지능**

동물이나 식물 채집을 좋아하며 이를 구별하고 분류하는 능력이 뛰어나다. 동물이나 주변 사물을 자세히 관찰해 차이점이나 공통점을 찾고 분석하기를 좋아한다. 애완동물이나 화분을 잘 기르거나 자연 관련 프로그램에 관심을 많이 보인다.

주도성을 길러주는 다양한 경험

3~6세 시기 아이들의 자존감 형성을 위해 관심을 가져야 할 것은 바로 '경험의 힘'이다. 이 시기는 초등학교에 들어가기 전이라고 하여 '학령 전기'라고도 한다. 이 무렵 아이들은 여러 가지 상황 속에서 주도성을 발휘하려 한다. 아이는 다양한 경험을 통해서 '아, 내가 해낼 수 있다' '내가 이만큼 해냈구나'라는 생각을 갖게 된다. 이때 부모가 해야 할 일은 아이의 주도성을 존중해주는 것이다.

이 시기 아이가 주도성을 발휘하지 못하도록 방해하는 것이 바로 '과잉보호'이다. 과잉보호는 자존감에 있어 '독'이다. 아이는 여러 가지 상황에서 주도성을 발휘하면서 **'이 일을 해결한 사람은 누구? 바로 나' '내 인생의 주인공은 누구? 나 자신'**이라는 생각을 자주 가져야 한다. 부모의 과잉보호는 아이의 이런 생각에 '그게 왜 너니? 엄마지'라는 생각을 심어주게 된다. 아이는 '난 못해.

엄마만 할 수 있어'라고 생각하며 자기의 가치를 현격하게 떨어뜨려버린다.

아이 스스로의 가치를 높이려면 아이에게 스스로 성공할 수 있는 기회를 많이 주어야 한다. 성공할 수 있는 기회란 대단한 것이 아니다. 일상생활 속에서 **아이가 주도성을 가지고 실천할 수 있는 작은 과제를 내주는 것부터가 그 시작일 것이다. 우선 아이 스스로 자기가 입고 싶은 옷을 고르게 하고 스스로 물을 따라 먹을 수 있도록 해보자. 그리고 "저것 좀 갖다 줄래?" "이것 좀 도와줄래?"와 같이 아이가 쉽게 할 수 있는 심부름을 시키거나 아이와 함께 집안일을 해보는 것도 좋다. 빨래를 널고 개키는 것도, 식탁을 차리는 것도 모두 아이와 함께 해본다. 이런 일들을 통해 아이는 일상생활에 필요한 다양한 경험을 할 수 있고, 엄마의 도움 없이 스스로 할 수 있는 일들이 늘어나면서 자연스레 자존감을 형성하게 된다.** 이 시기에 자신의 자존감을 탄탄하게 다진 아이는 학령기나 사춘기가 되어서도 자기 인생의 주인은 자신인 것을 알기 때문에 학업, 친구 관계, 학교생활 등 그 시기의 아이들이 겪어야 할 통과의례들에 스스로 열심히 할 수 있는 동기를 갖게 된다.

초등학교에 입학한 아이를 둔 부모들의 중요한 관심사 중에 하나는 아이들이 공부를 열심히 해서 좋은 성적을 거두고 좋은 대학에 입학하는 것이다. 하지만 기대와는 다르게 많은 부모들은 "우리 아이는 공부하라고 아무리 말해도 말을 듣지 않아요" "무섭게 혼내거나 때리지 않으면 절대 스스로 공부하지 않아요"라며 고민을 토로한다.

스스로 공부하지 않는다는 부모들의 우려와는 달리 **아동학 전문가에 따르면 학령기 대다수 아이들의 머릿속에는 '나는 열심히 해서 무엇인가 잘해내고 싶어'라는 발달 욕구가 코드화되어 있다고 한다.**

만약 아이가 매사에 관심이 없고 무기력하다면 그건 학령기 이전 자존감의 바탕이 되는 경험들에 문제가 있는 경우가 많다.

돌 전 안정감 형성이 부족하고, 세 살 전 자율성이 훼손되었으며, 여섯 살 전 주도성을 충분히 경험하지 못했다면, 학령기가 되어서도 '내가 열심히 해서 꼭 성취해야지' 하는 동기의 시동이 잘 걸리지 않게 된다.

학령기는 집 울타리 안에서 자라왔던 아이가 학교라는 사회 속으로 나가 새로운 세상을 경험하게 되는 시기이다. 부모의 양육 이외에도 학교 선생님, 친구 관계, 학업 등의 다양한 경험들이 아이의 자존감 형성에 중요한 영향을 미치게 된다. 아이가 학교생활을 통해서 경험하게 되는 크고 작은 성공과 좌절, 다른 사람과의 관계를 통한 여러 가지 감정의 경험은 부모라는 울타리 안에서 보다 훨씬 더 깊고 다양하다. 정서적 안정, 자율성, 주도성 등의 기초공사가 튼튼한 아이는 학교에서 얻은 다양한 경험까지 더하여 더 높은 자존감을 갖게 되는 것이다.

여기서 생각해봐야 할 것이 한 가지 더 있다. 아이가 초등학교에 입학하면 부모의 통제가 심해진다. 선생님 말씀 잘 들어라, 수업 시간에 떠들지 마라, 학교에서 오면 곧장 학원에 가라, 밥 먹기 전에 숙제해라, 친구와 조금만 놀아라 등 부모가 추구하는 아이의 미래상에 맞추어 한순간의 낙오나 이탈이 없도록 부모가 아이를 통제하는 것이다. 어떤 아이는 적당히 반항할 것이고, 어떤 아이는 순한 양처럼 부모의 요구나 통제에 아무런 거부감 없이 잘 따를 것이다. 그런데 과연 우리가 순하다, 착하다고 말하는 아이의 자존감은 어떤 상태일까?

모든 아이들이 그런 것은 아니지만 순하고 착한 아이 역시 자존감 형성에 대해 마음을 놓아서는 안 된다. 보통의 아이들은 크고 작은 다양한 사고를 치면서 자신이 원하는 것을 손에 넣으려고 한다. 그에 비해 순한 아이들은 부모의 말을 절대적으로 따르기 때문에 자신이 원하는 것보다 부모가 원하는 것을 먼저 생각한다. 부모의 지나친 간섭, 지시적 태도, 부모가 원하는 성과를 이뤘을 때만 보여주는 긍정적 반응 등으로 아이는 자신의 본심을 숨기고 착한 아이, 순한 아이로만 자신을 포장하려 하게 된다.

착한 아이 안에는 '자기 존중'이 없다. 왜냐하면 자기가 좋아하는 일이 아니라 부모가 좋아하는 일을 하려고 노력하고, **'자기가 어떻게 느끼냐'보다 '부모가 어떻게 느끼냐'에 따라 행동하기 때문이다.** 자존감은 아이가 자기 자신에게 부여하는 가치이다. 다시 말해 '내가 나를 어떻게 생각하느냐'를 말한다. 자존감이 약한 순한 아이, 착한 아이는 자신의 내면을 믿기보다는 상대의 평가를 믿기 때문에 자신에 대해 가치를 부여할 수가 없는 것이다. 이런 아이들은 어른이 되어서도 아이 때의 성향을 그대로 가지고 있는 경우가 많다. 당당하게 다른 사람 앞에 나서서 자신의 의견을 얘기하기보다 다른 사람이 어떤 생각을 하는지 살피고 항상 다른 사람의 마음에 들려고만 행동한다. 상대로부터 좋은 평가를 받지 못하면 쉽게 좌절하고 자신을 의미 없는 사람으로 여기게 된다. 따라서 부모는 아이의 순응에 만족하기 보다는 아이가 주도적으로 경험을 쌓도록 충실히 살펴야 한다.

자존감이 기억하는 실패의 감정

　자존감이 높을수록 성공의 경험을 부를 확률이 높고, **성공의 경험이 많을수록 자존감을 높일 기회가 많아진다.** 무엇보다 자존감이 '행복한 성공'을 가져다준다는 것이 놀랍다. 앞서 말했듯 자존감의 높이는 태어나는 순간 고정되는 것이 아니다. 주양육자의 태도를 주축으로 주변 사람들이 보내는 수많은 메시지로 만들어지는 것이다. 그렇다면 아이의 자존감을 위해서 우리가 지금 할 수 있는 일은 무엇일까? 그것은 최대한 자기 자신에 대한 긍정적인 경험, 즉 성공의 경험을 만들어주는 것이다.

　나는 할 수 있다는 '긍정적인 마음', 그리고 어떤 시련이 오더라도 나는 이것을 해결해낼 수 있다는 '자신감', 이런 신념과 감정은 아이 깊은 곳에 숨어 있는 잠재 능력까지 불러내어 행동을 변화시키고 결국에는 성공을 부르게 된다. 이때의 성공 경험은, 다시 자기 자신에 대한 긍정적인 감정을 불러일으켜 '자존감'을 높이게 되고, 자신감을 불어넣어 다음 성공을 예상하게 한다. '지난 번에도 해냈으니까 이번에도 성공할 수 있을 거야' '어렵더라도 결국에는 나는 항상 해내고 말 거야. 난 그런 능력이 있는 사람이야'라고 생각하게 된다. 성공의 경험이 자존감을 높이고 높아진 자존감이 다시 성공의 원동력이 되는 것이다.

이런 순환 과정 속에서 아이는 점점 자신의 능력과 가치를 높이 평가하게 되고 또한 그 과정 중에서 주위에서 보내준 긍정적인 메시지를 연합하여 좀 더 자존감이 높은 아이로 성장하게 된다.

하지만 부모의 양육 태도에 따라 애써 만든 성공의 경험도 실패의 경험으로 기억하는 아이들이 있다. 성공하고 나서도 그동안 힘들었던 감정만 남아서 '나는 못했다'라는 평가를 내리는 것이다. 자존감이 높은 아이들은 과정이 어려웠더라도 그 자체를 즐길 줄 안다. 나중에 성공하게 되면 "그럼 그렇지 내가 해낼줄 알았어" "드디어 해냈구나" 하며 충분히 기뻐할 줄도 안다. **자존감은 성공한 후에 아이가 힘들었던 과정만을 기억하여 성공도 실패의 경험으로 받아들일지, 실패할 게 뻔했지만 마지막에 성공하였으니 그것을 '해냈다'라는 감정에 초점을 둘지를 결정한다.**

아이가 어려운 과제를 만났을 때 부모로서 그 과정을 어떻게 지켜보았는지 떠올려보자. 우선 아이가 결과가 어떻든 자신의 도전을 다양한 성공의 경험으로 받아들이게 하기 위해서는 부모가 아이의 능력을 존중하고, 그 능력을 충분히 발휘할 수 있도록 기다려주는 것이 필요하다. 부모가 정답을 알고 있다고 해서 아이에게 "넌 잘못했다" "네가 한 것은 모두 틀리다" "내 것이 정답이다"라는 말로 아이가 한 것을 모두 무시하는 것은 아이를 존중하는 태도가 아니다. 틀린 것보다는 맞는 것을 먼저 말해주고, 다른 아이의 성공과 내 아이의 실패를 비교하지 말아야 한다. 아이가 해낼 수 있도록 기다려주고, 아이가 한 행동을 수용해주고, 아이가 해결해나갈 수 있다고 믿어주고, 부모가 더 좋은 해결책을 가지고 있더라도 아이가 스스로 답을 찾아나갈 수 있도록 묵묵히 기다려주어야 한다.

결과에 너무 집착해서도 안 된다. 시험을 위해 준비하는 과정, 반장 선거를 위해 밤새 연설문을 만들어내는 과정, 그리고 달리기 시합에서 최선을 다한 아이의 땀을 보며 칭찬한다. 결과에 집착한 부모의 과도한 실망은 아이에게 자기비하의 감정을 불러일으킨다. 특히 아이들은 자신을 평가하는 언어와 실제 자신을 동일시하는 성향이 있다. "넌 늘 그렇게 다른 애들에게 밀리기만 하니"라는 부모의 말을 들은 아이는 '밀리기만 하는'이라는 말과 '자신'을 하나로 여겨, 실제 자신이 그렇지 않음에도 '나는 밀리기만 하는 사람'이라는 개념에 지배되고 만다.

결국 아이는 같은 상황이 발생할 때 또다시 '밀리는' 것이 두려워 아예 행동을 기피해버리는 것이다.

아이가 시험 점수를 못 받았을 때, 부모의 기분이 좋지 않다면 누구의 문제일까? 어떤 부모는 아이의 문제라고 답할 것이다. 하지만 이는 잘못된 생각이다. **아이가 시험을 잘못 봤을 때 속상한 사람의 문제여야 한다.** 그럼 실제 속상한 사람은 누구일까? 부모는 아이가 속상할 것이라고 예상한다. 자신의 시험인데 점수가 낮으면 속상한 것이 당연하기 때문이다. 하지만 점수의 기준을 잡는 사람은 바로 부모다. 같은 점수라고 하더라도 어떤 부모는 "잘했다"고 칭찬하고, 어떤 부모는 "겨우 이것밖에 못 받았어?"라고 아이를 다그친다.

아이는 자신이 받은 시험 점수에 속상해하지 않는다. 만약 아이가 시험 때문에 걱정을 한다면, 그것은 점수를 못 받아서가 아니라 엄마나 아빠에게 혼이 날까봐 걱정하는 것이다. 그렇다면 아이의 시험 점수에 속상한 사람은? 그렇다. 바로 부모다. 부모는 아이가 자신의 예상보다 못한 점수를 받아올 때 실망하고 속상해한다. 그리고 아이가 경쟁에서 뒤처질까 전전긍긍한다. 문제 하나 더 틀린 것을 마치 큰 실패를 한 것처럼 걱정이 태산이다. 그러다보니 아이를 다그치고, 혼내고, 자극한다.

부모의 이런 태도로 인해 아이는 자신에 대한 부정적 평가나 실패를 경험했을 때 느끼는 감정, 생각, 감각 자체를 두려워하게 된다. 하지만 결과적으로는 자신이 피하고자 하는 상황에서 완전히 벗어날 수 없을 뿐 아니라, 자신에게 긍정적인 영향을 줄 수 있는 상황까지도 피해버리게 된다. 심리적으로 늘 위축되어 있어 성공을 하더라도 해냈다는 기쁨보다 힘들었던 과정을 더 떠올리게 된다. 부모는 아이의 실패나 미숙한 부분을 하나하나 지적하고 고치려 하기 보다는 잘하는 부분이나 노력한 과정을 더 많이 강조하고 칭찬하는 것이 중요하다. 못하는 것을 야단쳐서 더 잘하게 하는 것보다는 잘하는 것을 칭찬해서 더 잘하게 하는 것이 훨씬 수월하다. 그리고 이런 방법이 아이를 더 긍정적으로 변화시키며 지속 기간도 길다.

"안 그래도 아이가 부족한 것이 많은데, 무조건 칭찬하면 거기에 안주하지 않을까?"

부모 중에는 아이가 자만하지 않도록 실패를 더 크게 부풀려 이야기하는 경우도 있다. 자신의 장점과 단점을 객관적으로 판단하는 것도 중요하지만, 이는 아이가 스스로를 평가하는 과정에서 생겨야 하는 것이다. **만약 아이가 부모에게 허세를 떨고 있다면, '나를 인정해주세요'라고 신호를 보내는 것이다.** 실패를 경험하게 하되, 그 실패를 무시하지도 그렇다고 부풀리지도 말아야 한다. 누구보다 실패로 힘든 사람은 바로 아이 자신이기 때문이다.

아이가 실패한 후 의기소침해 있다면, 부모가 자신의 실패담을 이야기해주는 것도 한 방법이다. 아이에게 부모는 전지전능한 것처럼 보인다. 완벽하기만 할 것 같은 부모도 실패를 한 적이 있으며 그렇지만 포기하지 않고 한 걸음 더 내딛기 위한 용기를 냈다는 이야기를 들으면 아이는 자신도 부모처럼 용기를 내겠다는 마음을 갖는다. 부모가 아이의 가장 좋은 멘토라는 점은 이렇게 가장 가까이에서 삶의 여러 모습을 이야기해줄 수 있기 때문이다.

아이의 자존감을 높이기 위해서는 수없이 도전하고 성공을 경험하는 것이 중요하다. 그리고 이 과정까지 가기 위해서는 여러 번의 실패도 경험할 수밖에 없다. 부모의 역할은 실패를 줄이는 것이 아니라, 이를 바탕으로 또 다른 의욕을 불러일으켜주는 것이다.

… ❋ ❋ ❋

새로운 가능성의 시작, 창의성

피터 레이놀즈Peter Reynolds의 《점》이라는 그림책이 있다.

베티는 미술시간이 벌써 끝났지만 도화지에 아무것도 그리지 못한 채 자리에 그대로 앉아 있었다. 미술선생님은 한참 베티의 빈 도화지를 바라보더니 "눈보라 속의 곰을 그렸구나" 하고 말했다. 베티는 오히려 화를 내며 "놀리지 마세요. 전 아무것도 못 그리겠어요"라고 말한다. 선생님은 어떤 것이라도 좋으니 그려보라고 부드럽게 말했다. 베티는 심술궂게 도화지 위에 연필을 내리꽂아 점 하나를 찍었다. 선생님은 도화지를 한참 보시더니 그 도화지에 "자! 이제 여기 네 이름을 쓰렴" 하고 말했다. 일주일 후 베티는 선생님 책상 위에 걸린 그림을 보고 깜짝 놀랐다. 자신의 점 그림이 금테 액자 안에 들어 있는 것이었다. 베티는 "흥! 저것보다 훨씬 멋진 점을 그릴 수 있어!"라며 이번에는 수채화 물감을 가지고 점들을 그리기 시작했다.

한 가지 색을 사용하기도 하고 색을 섞어보기도 하고 크게도 그리고 작게도 그렸다. 베티의 '점 그림'은 점점 훌륭해졌다. 결국 베티는 점 그림으로 전시회를 열게 된다. 베티의 미술 전시장에 온 한 꼬마가 "나도 누나처럼 잘 그렸으면 좋겠어"라며 베티를 칭찬했다. 베티는 "너도 할 수 있어"라고 말하며 꼬마에게 하얀 도화지를 건네줬다. 꼬마는 비뚤비뚤한 선 하나를 그었다. 꼬마의 선을 한참 동안 바라보던 베티는 꼬마에게 말한다. "자! 이제 여기 네 이름을 쓰렴."

이 이야기는 무엇에 관한 것일까? 자신감, 즉 자존감을 일깨우는 것이기도 하고, 창의적인 발상의 시작이기도 하다. 아이의 있는 그대로의 모습을 인정하고, 그것을 창의적인 재능으로까지 발전시킨 과정이 짧은 이야기 속에 담백하게 그려져 있다. 무엇보다 부모가 내 아이에게 어떤 양육 태도를 가져야 할지, 아이의 인생은 어떻게 만들어져 가는지에 대한 깨달음을 준다.

창의적인 발상으로 나 자신과 주변 사람들에게 활력과 새로운 비전을 제시하는 리더의 모습을 생각해보자.

미국 '애플Apple'사의 스티브 잡스Steve Jobs는 과거 공상과학영화나 애니메이션으로만 상상했음직한 기기를 우리의 일상 속에 구현해냈다. 리더로서 스티브 잡스는 혁신적이고도 창의성이 뛰어난 사람이었다. 그는 위기의 '애플'을 세계 최고의 회사로 재도

약시켰다. 한 조직이 리더 한 명에 의해 좌우되는 것은 바람직하지 않지만, 그가 리더로서 새롭고 창의적인 발상을 구현해내는 능력만큼은 타의 추종을 불허한다.

만약 아이가 성장해나가는 과정에서 자신의 창의성과 재능을 토대로 스티브 잡스처럼 자신의 직관을 자기 삶에 곧바로 적용할 수 있는 용기를 갖는다면 어떨까? 아이가 자기 삶을 이끌고 성장한 경험을 토대로 한 조직의 리더로 살아갈 수도 있지 않을까.

새롭고 창의적인 발상은 조직 앞에 놓인 위기의 순간이나 변화의 순간에 꼭 필요한 능력이 된다. 조직은 유기체이다. 안정적으로 유지되다가도 외부 요인에 의해, 혹은 새로운 난관에 의해 조직력이 약해져 와해되기도 하고, 반대로 위기를 극복해서 더 탄탄해지고 융성해지기도 한다. 이때 위기 앞에서 와해될지 오히려 더 성장할지는 바로 리더와 구성원들이 각자의 역할 속에서 어떻게 조직력, 응집력을 발휘하는지에 달려 있다.

위기 앞에서 리더의 역할은 현실을 직시하고 상황을 정확히 판단하는 것, 낙담하고 있을 구성원들에게 새로운 비전과 역할을 인지시키는 것, 또 동기 부여와 해낼 수 있다는 용기와 자신감을 심어주는 것, 새롭게 설정한 목표를 자신감을 갖고 추진하는 것, 실패에 낙담하지 않고 끈기 있게 도전하는 것 등이다. 이 능력은 자기 삶을 돌보고 앞으로 나아가는 데에도 중요하다.

많은 부모들이 자존감, 리더의 문제를 떠나서라도 내 아이에게 창의성을 심어주고 싶어 한다. 하지만 현실적으로는 1등 운운하며 주입식 교육으로 아이를 내몬다. 그러면서 반대편에 놓여 있는 창의성을 가져오라고 다그치는 꼴이다. 부모가 아이의 미래를 계획하고, 계획에 따라 움직이는 로봇으로 만드는 상황에서 아이의 창의성이나 잠재된 재능을 끄집어내기란 어렵다. 아이가 자신만의 경험과 선택으로 쌓아 올릴 수 있는 직관 역시 발달하기 어려워진다. 하지만 아이의 자존감을 높여주고자 마음먹고 노력하고 있다면 얼마든지 반전은 가능하다.

아이의 자존감을 키우기 위한 노력 중 일부는 아이의 창의성을 키우는 방법과 일맥상통한다. 우선 아이가 타고난 재능이나 호기심을 부모가 있는 그대로 인정하는 것이다. 아이의 잠재된 재능이나 창의성을 발견할 때 부모는 아이의 호기심이 어디에 있는지부터 탐색해야 한다. 심리학자 칙센트미하이는 아이가 흥미를 보이는 대상에 호기심을 갖고 끊임없이 탐구하면 창의성의 토대가 만들어진다고 보았다.

아무리 재능이 있더라도 부모가 제대로 파악하지 못하고 방치한다면 다듬어지지 않은 보석의 원석과 같을 뿐이다. 부모의 역할은 아이가 무엇에 호기심을 갖는지 찾아주고, 그 분야에 지속적인 탐구가 이뤄질 수 있도록 다양한 경험을 선사하는 것이다.

자신의 호기심을 탐구해가며 그 과정에서 좋은 결과, 행복한 경험을 얻는다면 아이의 자존감이 높아지고 창의적인 사고까지 덤으로 갖게 된다. 이때 부모는 아이의 자존감과 지속적인 창의성 계발을 위해 아이가 획득한, 혹은 이뤄놓은 결과물을 인정하고 칭찬해주는 양육 태도를 지녀야 한다. 또한 아이 스스로 지속적으로 탐구하고 도전할 수 있는 환경도 만들어주어야 한다.

✳︎ ✳︎ ✳︎
아이의 자존감과 창의성을
높이는 방법

　어려서부터 아이의 독립심을 길러주는 것 또한 자존감과 창의성을 높이는 데 도움이 된다. 부모가 자식을 양육한다는 의미는 아이가 성인이 되었을 때 독립적인 존재로 자신이 원하는 삶을 살 수 있도록 힘을 키워주는 것을 말한다. 그러기 위해서는 아이가 스스로 원하는 것을 찾아나갈 수 있도록 독립성을 키워주어야 한다. **독립적이며 자존감이 높은 아이로 키우려면 부모는 아이의 행동을 믿고 지켜봐주는 인내심이 필요하다. 지나친 간섭과 잔소리는 문제를 해결하지 못하면서 아이의 자존감을 떨어뜨릴 뿐이다.**

　생후 18개월이 지나면 아이는 자아를 인식하고 '내 것'에 대한 소유 개념이 생긴다. 이전까지는 자신과 타인의 분리가 이루어지지 않았던 아이는 소유 개념을 깨달으며 주변 세계에서 자신을 분리해낸다. 이 시기 아이들은 용감하다. 무엇이든 직접 해보려고 하기 때문이다. 그것이 위험한 것이라고 하더라도 호기심과 자신의 행동에 대한 자신감을 키우기 위해 아이는 도전한다. 이때부터 부모의 양육 태도에 따라 아이의 독립성이 좌우된다.

아이는 제법 걷는 것에 익숙해졌다. 양육자의 손을 잡지 않아도 종종걸음으로 자신이 가고 싶은 곳, 만지고 싶은 것, 궁금한 것을 향해 나아간다. 이때 양육자는 아이가 위험할 것 같다, 혹은 사고를 칠 것 같다는 생각을 하게 된다. 어느새 아이를 번쩍 안아 제자리로 데려다 놓거나, 거의 손을 뻗으려는 찰나 위험하다며 물건을 치워버린다. 양육자 딴에는 아이의 안전에 위해가 되지 않을까 하는 마음도 있었을 것이다. 하지만 대개는 아이가 일을 저지를까봐, 번잡하게 손이 많이 가지 않을까 우려하는 마음에서 그렇게 한다. **안전사고의 문제만 아니라면 양육자는 아이의 세상 탐험을 기다려주고 지지해주어야 한다. 아이가 궁금한 것을 향해 한 걸음, 한 걸음 나아가서 직접 손으로 만져보고 탐색했을 때의 환희를 부모가 알아주어야 한다.** 이때 양육자의 역할은, 아이가 탐험을 끝내고 돌아왔을 때 처음 그 자리에서 아이를 기다려주고, 아이의 세상 탐험을 칭찬해주는 일이다.

굳이 아이가 걷는 것이 위태롭다며 번쩍 안아 원하는 곳에 데려다주지 않아도 된다. 스스로 탐험하겠다는 아이의 의지를 꺾을뿐더러, '우리 부모님은 내가 방향만 가리키면 알아서 해주는

구나' 하고 의존적인 태도를 가질 수도 있다. 아이가 저 혼자 걷다가 넘어질 수도 있다. 하지만 **아이는 몇 번의 시행착오를 겪더라도 스스로 성공한 것에 더 큰 자신감을 얻는다. 이런 경험은 아이에게 독립심과 또 다른 도전을 시작할 수 있는 용기를 준다.**

아이에게 물고기를 낚아주지 말고, 물고기 낚는 법을 가르치라고들 말한다. 이왕이면 아이에게 물고기 낚는 법이 한 가지가 아니라 여러 방법이 있음을 알려주고, 나아가 아이 스스로 더 많이 낚는 법, 더 빨리 낚는 법, 더 손쉽게 낚는 법을 발상하도록 유도해야 한다.

언젠가 사회로 나아갈 아이를 위해 우리 부모들이 잊지 말아야 할 것이 있다. 자기 삶과 조직을 이끄는 진정한 리더는 한 가지 조건만으로 충족되지 않는다는 사실이다.

내 아이를 어떤 리더로 키우고 싶은가. 아니, 이런 생각을 품기 전 내 아이의 자존감부터 길러주자. 자존감은 아이를 자기 삶의 리더로 만들고, 나아가 성장하는 리더가 갖춰야 할 모든 덕목이 들어 있기 때문이다.

내성적인 아이도 될 수 있는 좋은 리더

　부모들은 적극적이고 활동적인 성격을 가진 아이가 리더십이 뛰어나다고 생각한다. 그래서 다른 사람 앞에 나서기 힘들어하며 수줍어하고 조용한 아이를 보면 다른 아이들에게 치이지 않을까 걱정한다. 과연 대다수의 부모가 생각하는 것처럼 목소리 크고 활동적인 아이만 리더십이 뛰어난 걸까? 결론부터 말하자면, '그렇지 않다'.

　이제까지 리더십은 카리스마와 훌륭한 말솜씨, 외향적인 성격 등으로 대표되었지만 요즘은 리더의 성향이 달라졌다. 창의적 리더, 감성적 리더, 섬기는 리더 등 보다 섬세하고 다양한 능력을 요구하고 있는 것이다. **오늘날의 리더십은 남 앞에 나서는 능력이 아니라 사람들과 바람직한 관계를 형성하고 그 속에서 삶을 주체적으로 이끌어나가는 능력이다.** 실제로 우리 사회의 유명한 리더들 중에는 자신이 내성적이라고 말하는 사람도 적지 않다.

리더십을 구성하는 요인은 단순히 외향적인 성격 한 가지만이 아니다. 사람의 성격은 여러 가지 요소로 구성되어 있는데 이들 요소 중에서 자신의 장점을 발전시키고, 단점을 보완해나가면서 자신에게 맞는 리더십을 키워나갈 수 있다. 아이들도 마찬가지다. 아이들은 성격에 따라 다른 사람을 이해하고 인식하는 방법이 다르다. 그러다보니 성격에 따라 학습 능력이나 성취 동기, 학업 성취도뿐만 아니라 지능 및 창의성에서도 각기 다른 특성을 보인다. **한 보고서에 따르면 사람의 행동이나 특성을 설명하는 단어가 17,963개에 이르며, 성격을 설명하는 단어만도 3,000~5,000개에 이른다고 한다. 이렇게 다양한 성격에 한 가지 방법만을 적용한다는 것이 오히려 억지스러울 것이다.**

성공한 인물의 리더십을 살펴보면, 비슷한 부분도 있었지만, 저마다 조금씩 다른 부분도 있었다. 자신의 성격에 맞춰 고유한 리더십을 발전시켰기 때문이다. 리더십이 뛰어난 인물들은 다른 사람들에 비해 자존감이 높다. 그러다보니 자신의 성격을 객관적으로 파악하며 장점과 단점에 대해서도 구체적으로 알고 있었다. 자존감이 높은 사람은 스스로를 되돌아보고 성찰할 수 있다.

리더십이 뛰어난 위인들은 자아성찰을 바탕으로 자신의 장점은 드러내고 단점은 보완하는 방향으로 리더십을 키워나갔다. **아이가 내성적이라고 걱정할 필요는 없다.** 여러 사람 앞에서 자신의 의견이나 표현하는 말하기가 힘들다면 한 명씩 만나서 차근차근 설명하는 방법을 선택하면 된다. 그런 후 다시 여러 사람 앞에 나가면 더 수월하게 연설이나 발표를 할 수 있다. 다른 사람 앞에서 말을 능숙하게 할 자신이 없다면 말하기 전 조금 더 철저하게 자신이 하고 싶은 말이나 해야 할 말을 준비하면 된다. **연습이 최고의 자신감이다.** 다양한 상황을 설정해놓고 미리 연습한다면 모자란 순발력을 충분히 메워나갈 수 있다.

내성적인 아이지만 자신의 목표를 정해 성실하고 꾸준하게 달성해 나간다면, 충분히 멋진 리더가 될 수 있다. 오히려 장점도 있다. 내성적인 아이는 찬찬히 탐구하는 것을 좋아한다. 문제가 생길 때 부산하게 움직이기보다는 차분히 문제의 원인을 바라보고 이를 해결해 나가기도 한다.

얌전하고 내성적인 성격이라고 부모가 섣부른 판단을 해서는 안 된다. 미래의 리더가 될지도 모를 내 아이의 자존감을 꺾어서 행복할 사람은 아무도 없다.

아이의 리더십에
영향을 주는 부모 유형

"네가 어떻게 회장을 해? 너는 다른 사람들 앞에서 말도 제대로 못하잖아."

부모는 걱정이 되어서 한 말이지만 아이에게는 자신의 가능성을 꺾어버리는 한마디가 될 수 있음을 명심하자.

어찌 보면 아이의 리더십을 키워줄 때 아이의 성격만큼 중요한 것이 부모의 성격이다. 어떤 부모는 아이가 스스로 할 수 있게 격려하기도 하지만, 어떤 부모는 필요 이상으로 참견하기도 하고, 또 다른 부모는 아이를 강압적으로 대해 리더십을 원천 봉쇄하기도 한다. 아이가 진취적인 생각을 갖고 있더라도 부모가 이것을 제대로 뒷받침해주지 못한다면 아이는 자신의 잠재된 능력보다 스스로를 하찮게 여기고, 정말 그저그런 어른으로 자랄지 모른다.

다음에서 소개하는 세 가지 부모의 유형(설득형, 조언자형, 위임형) 중 과연 나는 어디에 속할까. 과연 나는 어떻게 아이의 리더십을 키우는 부모인지 점검해보자.

설득형 부모는 아이의 뜻을 무조건 무시하지는 않는다. 하지만 아이가 해야 할 일을 명확히 말하고 그것의 필요성을 대화를 통해 설득해 나간다. 아이가 지치고 힘들 때는 강한 독려도 잊지 않는다. 리더가 되기 위해서는 힘든 난관도 이겨내는 힘을 키워야 한다. 설득형 부모는 아이의 능력을 더 높이기 위해 더 많은 노력을 기울인다. 이런 유형의 부모는 목표 달성과 아이와의 관계를 모두 중요하게 생각한다. 조심해야 할 점은 설득이 너무 강할 경우 아이에게는 강요로 느껴질 수 있다는 점이다. 그러므로 아이의 상태를 잘 살펴보며 독려하는 것이 필요하다. 예민한 성격의 아이라면 부모의 한마디가 커다란 질책처럼 느껴지며 자신감을 잃을 수 있으므로 강압적으로 느끼지 않도록 주의한다.

아이 스스로 목표를 정하게 한 후 옆에서 부모가 조언자의 역할을 하는 경우도 있다. 목표의 결과보다는 아이의 자율적인 의견을 중시해 아이가 스스로 정한 목표를 달성할 수 있도록 아이디어를 제공하고 의욕을 북돋우며 적극적으로 도와준다. 이때 부모가 조심해야 할 것은 아이가 주도성을 잃지 않도록 해야 한다는 점이다. 필요 이상으로 많은 도움을 주다보면 아이는 부모에게 의존적으로 변할 수 있다. 반면 아이의 성격이 독립적이라면 부모와 부딪히면서 서로 트러블이 생길 수 있다.

모든 것을 아이에게 맡겨놓는 위임형 부모도 있다. 목표를 정하고 행동에 옮기는 것은 아이의 몫이다. 위임형 부모는 미흡해 보이는 점만 지적해주고 아이의 독립적인 노력을 지켜본다. 위임형 부모는 무관심형 부모와는 다르다. 위임형 부모는 아이의 목표가 어떻게 진행되는지 꾸준히 관심을 갖고 지켜본다. 아이가 독립적인 경우에 부모는 위임형의 경향을 보이는 경우가 많다. 스스로 성취감을 느끼기 위해 부모의 간섭을 싫어하기 때문에 애정을 갖고 지켜보고만 있는 것이다. 가끔씩 부모가 아이의 이야기를 들어준다면 더욱 효과적이다. 아이는 자신이 하는 일을 부모가 관심 갖는 것만으로도 충분히 목표를 달성해 나갈 힘을 얻는다. 특히 외동아이의 경우 조언자가 없기 때문에 부모가 아이 스스로 할 수 있도록 위임한다고 해도 꾸준히 신경 쓰는 모습을 보여주는 것이 필요하다.

우리 아이 리더십 키우는
몇 가지 방법

1. 존중하는 마음을 키워주려면

우선 부모가 아이를 존중하는 태도를 가져야 한다. 독립심이 커지는 3세 정도부터 아이는 무엇이든 스스로 하려고 한다. 이때 아이의 선택을 존중해준다. "네가 뭘 알아? 내가 시키는 대로 해" "네가 하면 위험해"라는 말은 아이를 무시하면서 아이의 자존감을 무너뜨린다. 실패가 눈에 보이더라도 무조건 차단하기보다 아이가 스스로 결과를 경험할 수 있게 지켜본다.

2. 다른 사람의 말에 귀를 기울이게 하려면

다른 사람의 의견에 귀 기울이면 자신이 미처 생각하지 못한 면을 발견할 수 있으며, 여러 의견을 모아 창의적인 해결책을 만들어낼 수도 있다. 하지만 요즘 아이들은 자신의 목소리만 크고, 다른 사람의 이야기를 듣는 것에는 서투르다. 가족회의를 하면서 발표 순서를 정해 자신의 의견을 이야기하고 다른 가족의 말에도 귀 기울이는 법을 가르치는 것도 좋다.

3. 늘 웃는 얼굴로 마주 보게 하려면

상대방의 마음을 열고 싶다면 먼저 웃으면서 다가가야 한다. 늘 크고 밝게 웃는 아이는 활기차 보이며 친구들에게 더욱 친근한 이미지로 다가간다. 아이에게 웃음을 선사하기 위한 가장 좋은 방법은 칭찬을 해주는 것이다. 칭찬을 많이 받은 아이는 자신에 대한 애정을 키울 수 있으며 더불어 다른 사람들을 대할 때도 자신감 있게 밝은 얼굴로 대할 수 있다.

4. 신뢰하는 법을 가르치려면

자존감이 높은 아이는 상대방을 신뢰하는 데 주저하지 않는다. 자신이 인정받고 있기 때문에 다른 사람도 사심 없이 인정해줄 수 있다. 타인을 신뢰하는 법을 가르치기 위해서는 부모가 먼저 아이와 깊은 신뢰감을 쌓아야 한다. 아이와 한 약속은 반드시 지키고, 아이가 사랑받고 있다는 확신을 줘야 한다. "우리가 바빠서 네 약속을 까먹었어"라는 말은 아이에게는 그저 핑계로 들릴 뿐이다.

부모의 경청과 공감이 만드는 아이의 리더십

진정한 리더는 자존감이 높다, 혹은 자존감이 높은 사람은 리더가 된다. 이 말은 앞뒤만 바뀌었을 뿐 같은 의미이다. 자존감과 리더가 이렇게 동일선상에 놓일 수 있는 이유는 의사소통능력 때문이다. 자존감이 높은 아이는 타인을 배려하고 공감하는 능력이 뛰어난데, 이것이 바로 의사소통능력이며 리더가 갖춰야 할 조건 중 하나가 된다.

우선 '공감'이란 다른 사람의 생각을 잘 지각하는 것을 말한다. **'공감 능력'이란 나와 다른 생각일지라도 내 생각을 인정하는 것처럼 다른 사람의 생각이 존재하는 것을 인정하는 능력이다. 다른 사람의 생각을 있는 그대로 인정하려면 자기 자신에 대해서 긍정적인 신념을 가지고 있어야 한다.** 그래야 다른 사람의 의도나 행동을 오해하지 않고 그대로 받아들일 수 있는 힘이 생긴다. 나에 대한 긍정적인 자신감이 있으면 다른 사람이 뭐라고 생각하든 '나의 가치'는 흔들리지 않는다.

하지만 안타깝게도 이러한 '공감 능력'은 우리가 태어날 때부터 가지고 있는 것이 아니다. 출생 직후는 생물학적으로 자기 욕구만 채우려 드는 시기이다. 만 1세까지 아이에게서 공감 능력은 기대할 수 없다. 그러나 언어 능력이 폭발하는 만 3세 이후가 되면 아이는 나와 다른 남이 있다는 것, 그리고 남의 생각이라는 것이 있음을 이해하고 받아들인다.

만약 아이가 만 3세 이전의 양육 경험이 좋지 않아 '내겐 어려움이 많아. 나는 사랑을 받지 못했어'라고 생각하게 되면 다른 사람이 어떤 생각을 하는지 읽을 만한 여력을 갖지 못한다. 세상이 모두 부정적으로 보여, 누가 쳐다만 봐도 '나를 싫어하나봐' 혹은 '왜 날 째려보지?'라는 왜곡된 생각을 갖게 되는 것이다. **결국 자기 자신에 대한 긍정적인 이미지를 가진 사람만이 다른 사람의 생각과 행동을 이해하는 공감 능력을 갖게 되는 것이다.**

이렇듯 자존감은 공감 능력에 영향을 미치고 의사소통 방식에도 차이를 낳게 된다. 스스로에 대해 긍정적인 마음이 있는 사람은 마음이 따뜻해져 다른 사람도 사랑할 수 있다. 자신을 긍정적으로 생각한다는 것은 자신의 좋은 점과 나쁜점을 소화해낼 능력이 있다는 것을 의미한다. 또한 실수를 하더라도 상처받지 않고 그것 때문에 자신이 '나쁜 아이'라고 생각하지 않는다. 이러한 생각은 다른 사람에게도 적용된다. 다른 사람이 실수를 하거나 나쁜 행동을 하더라도 그것을 책망하기보다 이해하고 보듬어 안으려고 든다.

친구가 고민을 털어놓으려 할 때, 자존감이 높아 공감 능력이 높은 아이는 "무슨 일 있었어? 네 이야기를 듣고 싶어"라고 말하는 반면, 자존감이 낮아 공감 능력이 낮은 아이는 대뜸 "네가 뭘 잘못했겠지"라는 말부터 한다. 자존감이 낮으면 다른 사람의 마음을 전혀 고려하지 않고 자기중심적으로만 문제를 해결하려고 한다. 이로 인해 다른 사람과 의사소통에 문제를 일으키는 경우가 많다. 게다가 요즘 아이들은 소통보다는 자신의 입장을 '주장'하는 데 더 익숙하다.

의사소통능력은 다른 사람의 의견을 자신의 의견과 똑같은 무게로 받아들이는 마음가짐에서 기인한다. 상대방의 말을 잘 들어주는 아이는 친구들 사이에서 인기가 있고 신뢰를 얻는다. 조용하고 부드러운 자세로 자신의 이야기를 들어주는 친구는 왠지 신뢰가 가고 따르고 싶어진다. 때문에 소통 능력을 키우기 위해서는 다른 사람의 이야기에 경청하는 자세를 길러주는 것이 중요하다.

"우리 아이는 다른 사람의 말을 듣기보다 자기 이야기만 해요"라고 걱정하는 부모라면 아이의 발달 과정을 제대로 알지 못하거나, 부모 자신이 아이의 말을 경청하지 않기 때문에 아이가 듣는 법을 배우지 못했을 수 있다.

가령 아이들은 어른과 달라 다른 사람의 말에 집중할 수 있는 시간이 짧다. 부모가 하나의 주제를 이야기하더라도 아이의 머릿속에서는 자꾸 이 생각, 저 생각이 떠오른다. 결국 아이는 부모가 하는 말을 끝까지 듣지 못하고 자신의 생각을 불쑥 이야기해버리는 것이다. 또 아이가 경청을 잘하지 못하는 이유 중 하나는 부모의 말이 이해하기 어렵기 때문이다. 부모는 아이가 충분히 이해할 수 있는 어휘와 표현, 내용이라고 생각하는데, 실제로는 추상적인 말인 경우가 많아 부모가 하는 말이 무슨 의미인지 아이가 정확하게 파악하지 못하는 것이다. 집중하기도 어렵고, 말을 들었다고 해도 무슨 뜻인지 알지 못해 제대로 실천하기 어려울 수 있다.

아이에게 다른 사람의 말을 경청하고 공감하는 능력을 길러주는 가장 좋은 방법은, 부모 먼저 아이의 말을 경청하고 공감, 배려해주는 것이다. 앞에서도 누누이 이야기했듯이 대화가 없으면 부모와 아이의 관계가 단절될 수 있지만, **대화만 잘해도 아이의 문제 행동을 순조롭게 해결할 수 있다.** 더 나아가 아이에게 자존감을 길러주고 리더의 조건인 의사소통능력 또한 길러주는 셈이다. 아이와 일상적으로 주고받는 대화에 이렇게 강력한 힘이 있다니, 모든 부모가 대화의 기술을 습득해야 함은 당연한 노릇이다.

우선 아이와 대화할 때는 상대방을 배려하는 마음으로 경청해야 한다. **부모는 자신이 하고 싶은 말을 참으며, 아이를 이해하기 위해 마음의 문을 열어놓아야 한다.** 부모는 아이와 눈을 맞추면서 아이의 말에 경청하고 있음을 아이가 느끼도록 해야 한다. 특히, 아이의 생각이 잘못되었더라도 아이의 말을 끝까지 들어주는 것이 중요하다. 그 다음 1~2초 정도 잠깐 시간을 멈추고 아이의 말을 생각해본다. 즉각적인 반응은 상대의 말을 가볍게, 즉흥적으로 받아들인다는 느낌을 줄 수 있다. 아이와 수다를 떠는 것과 경청하는 대화는 다르다. 경청은 그 사람의 입장을 깊이 생각해준다는 의미를 동시에 갖는다.

그 다음은 경청한 말에 맞장구를 쳐주는 것이다. 아이는 아무 말 없이 묵묵히 들어주는 사람보다 이야기 내용에 공감하듯 적절한 행동과 추임새를 넣어주는 사람이 자신과 더 소통이 잘된다고 생각한다. 대화 중 적절한 반응은 그 사람 말에 관심을 갖고 있다는 의미로 비춰지기 때문이다. 부모 중에는 아이를 향해 고개도 돌리지 않은 채 무심하게 "응" "그래"라는 간단한 대답으로 반응하는 경우가 있다. **자신의 이야기에 부모가 건성으로 대답하거나 딴짓을 하면 아이는 부모가 자신을 이해하고자 하는 성**

==의를 보이지 않는다고 생각하며, 자존감에 상처를 입을 수도 있다. 이 경우, 아이는 자라서 부모의 대화 태도를 고스란히 배우게 되고 다른 사람의 말에 귀 기울이지 못할지 모른다.==

아이는 집중력이 짧고 사고가 유연하기 때문에 대화 주제에서 벗어나는 이야기를 자꾸 하게 마련이다. 이때 부모는 아이가 원래 하려고 했던 대화에 집중하도록 적정한 선에서 화제를 되돌리는 것이 필요하다. 아이의 말을 무조건 자르거나 무시하기보다는, "그래, 그런 생각도 있구나. 그 이야기는 지금 우리가 하려던 것과는 다른 내용인 것 같은데, 나중에 이야기하는 건 어떨까?" 하는 식으로 화제를 뒤로 미루는 것이다. 부모가 이야기의 주제를 잡아주면 아이도 원래 하려던 이야기에 다시 집중하며 대화를 이어나가게 된다. 이런 습관은 다른 친구들과 이야기할 때도 주제에 집중하여 경청하는 습관을 길러준다.

이렇게 공감과 경청으로 자존감이 높아진 아이는 좋은 리더가 될 수 있다. 20세기 사회가 카리스마 있는 리더를 요구했다면, 현재와 미래의 리더는 사람들의 참여를 이끌어내는 소통형 리더일 것이다. 리더의 중요성은 세월이 흘러도 변하지 않지만, 리더십의 조건과 리더의 역할은 시대의 흐름과 변화에 따라 달라질 수 있다. 과거의 리더는 목표를 정하고 이를 달성하기 위해 조직 구성원들을 통제하고 그들에게 지시를 했다면, 미래의 리더는 구성원이 공감하는 비전을 제시할 수 있어야 한다. 리더로서 조직 구성원의 입장에서 공감하고 배려하고 헌신하는 것, 공동의 비전과 목표를 구성원들이 명확하게 알도록 주지시키는 것이야말로 21세기 리더의 자질인 것이다.

한 학급의 반장이나, 몇 명의 아이가 팀을 이루어 과제나 미션을 수행해나갈 때도 이런 리더십은 필요하다. 사람들을 이끈다는 것, 지도한다는 것의 핵심은 의사소통이다. 리더의 역할은 구성원들에게 의욕을 불어넣어 각자 해야 할 일을 하도록 유도하는 것이다. 또 구성원들의 말을 경청하고 그것을 종합해 모든 이들이 따를 수 있는 목표를 만들어내는 것이다.

아이가 학교에서
발휘해야 할 리더십

 한 학급에서 운동회 때 응원을 어떻게 할지 회의를 하고 있다. 회장을 맡은 아이는 밤새 고민을 했다. 다른 반보다 멋진 응원을 하기 위해서는 일단 연습을 많이 해야 하는 것이 중요하다고 판단한 회장은 아이들에게 자신의 생각을 이야기했다.
 "우리가 응원대회에서 1등을 하려면 연습을 많이 해야 해. 그러니까 방과 후에 모두 남아서 한 시간씩 연습하자."
 친구들 사이에서 여기저기 작은 불만이 터져 나왔다. 학원에 가야 한다거나, 방과 후에 야구부에서 연습을 해야 한다는 등 이유도 다양했다.
 "우리가 1등을 하려면 어쩔 수 없어. 일단 모두 남아서 연습을 해야 해."
 회장은 응원대회에서 1등을 하면 친구들의 불만도 사라질 것이라고 생각했다. 하지만 정작 수업이 끝나고 남은 아이들은 몇 안 되었다. 이런저런 이유를 말한 아이들은 결국 집으로 갔기 때문이다. 다음 날, 회장은 다시 학급회의를 소집해 친구들에게 화를 냈다.

"너희들은 우리 반이 1등을 하는 것이 싫어? 자꾸 빠지는 아이는 우리 반을 싫어하는 사람으로 생각할 거야."

아이들은 아무 말도 하지 않았지만 얼굴에는 불만이 가득했다. 그런데 오히려 방과 후 남는 아이들은 더 줄었다.

만약 회장 아이가 친구들의 의견을 듣고 다른 해결책을 냈다면 어땠을까? 피치 못할 사정으로 빠져야 하는 친구들을 이해해 주고, 대신 다른 연습 시간을 고민했다면 어땠을까? 회장이 친구들에게 바랐던 것은 '반 아이들 모두 열심히' 하는 것이었다. 하지만 실제 아이들에게 한 행동은 친구들의 의견을 하나로 모아 좋은 방향을 만들어냈다기보다 자신의 주장만을 내세우는 것뿐이었다. 다른 친구들에게 공감을 받지 못했기 때문에 좋은 의도라고 하더라도 실패한 것이었다.

우리 사회에는 사례 속 회장 아이와 같은 리더가 많다. 이런 사람은 리더라기보다는 보스에 가깝다. 명령하는 보스와 수평적인 리더는 다르다. 보스는 "가!"라고 명령한다. 강제성을 띠면서 복종하도록 분위기를 만든다. 보스의 힘에 눌려 따르는 집단은 자발적이지 않고 수동적이다. 그러다보니 행동도 느리고, 목표를 위해 창의력이 발휘되지도 않는다. 부하들이 자신이 원하는 만큼 따라오지 못하면 보스는 더 큰 힘으로 누르려고 한다. 보스의 힘이 막강할 때는 조직이 일사천리로 움직이는 것 같지만, 힘이 조금만 약해지면 반발하는 세력이 생긴다.

억누르는 것이 심해지면 오히려 탄성을 가진 용수철처럼 부정적인 반응이 더욱 크게 올라온다. 결국 명령에 불복종하는 사람이 늘어나며 공동의 목표는 흩어지고 만다.

반면 리더는 "함께하자"고 말하는 사람이다. 구성원들의 마음을 하나로 묶어내며 강제적으로 따르는 것이 아니라 자율적으로 움직이게 만든다.

리더십 학자 러셀 유잉 Russel H. Ewing**은 보스와 리더의 차이를 이렇게 밝힌 바 있다. "보스는 두려움을 만들고, 리더는 확신을 창조한다. 보스는 비난을 돌리고, 리더는 잘못을 바로잡는다. 보스는 모든 것을 알고 있고, 리더는 질문을 한다. 보스는 일을 힘들게 만들고, 리더는 흥미롭게 만든다."** 이를 통해 보스는 강압적인 관리자로 볼 수 있으며, 리더는 창의적인 크리에이터라는 것을 알 수 있다.

앞서 예를 들었던 회장 아이가 "얘들아, 이번 응원대회에서 우리가 우승하면 다른 반 친구들보다 돋보일 거야. 우리 함께 노력하자. 그러려면 더 열심히 연습해야 하는데, 시간을 어떻게 만들어보는 것이 좋을까?" 하고 친구들에게 먼저 공감을 얻으려 했다면, 그 반은 목표를 이루기 위해 함께 노력하는 것이 더 수월했을지 모른다.

프랑스의 나폴레옹은 뛰어난 지도자였지만, 그의 판단이 늘 옳지는 않았다. 그는 유럽 정복을 위해 알프스의 생베르나르 산을 넘기로 결정했다. 그는 뛰어난 웅변술로 군사들을 독려해 알프스 산을 넘게 했지만, 가는 도중 군사 절반이 죽고 길을 잘못 들어 다시 내려와 다른 산을 올라야 했다. 전쟁에서 승리했지만 혼자만의 독단적인 판단으로 수많은 부하를 추위에 얼어 죽게 만든 그의 리더십은 빛이 바랠 수밖에 없었다.

조직에 이로운 리더는 혼자서만 앞서 가지 않는다. 모든 사람들이 공감할 때까지 기다려주는 사람이다. 또한 다른 사람의 의견을 내치지 않고 포용하는 사람이다. 아무리 잘난 사람이라고 하더라도 혼자서 발휘하는 능력에는 한계가 있다. 좋은 리더는 결코 혼자서만 앞서 가는 사람이 아니다. 다른 사람들을 존중하고 이해하며, 상대방의 입장에서 생각할 줄 아는 사람이다. 어느 때는 한 발짝 뒤에서 구성원을 뒷받침해주는 역할도 마다하지 않는 역할이 리더이다.

그런데 요즘 아이들은 자신의 능력을 드러내는 데는 익숙하지만, 반대로 자신을 낮추고 다른 아이들을 인정하기에는 서툴다.

부모에게 '최고'라는 말을 듣고 자라며, 자신을 희생해본 적이 거의 없다보니 자신만 아는 아이로 자라는 것이다.

초등학교 영재교육 프로그램은 일정 시간 봉사를 해야 수료할 수 있다. 아무리 성적이 좋아도 봉사 시간을 채우지 못하면 수료하지 못한다. 자신의 능력을 자신만을 위해 쓰는 사람은 사회를 올바른 방향으로 이끌어갈 수 없기 때문이다.

리더의 진정성을 중요하게 여기는 오센틱 리더십, 더불어 구성원을 섬기는 서번트 리더십은 앞으로 아이가 살아갈 세상에서는 필수 항목이다. 미국의 경제주간지 《포춘》이 선정한 〈가장 일하기 좋은 100대 기업〉 중 서번트 리더십을 도입한 회사는 30%가 넘었다. 권위 없이 소탈하며, 군림하지 않고 대화하는 리더의 모습은 구성원들에게 조직을 친근하게 여기게 만들고, 자신의 능력을 진심으로 조직을 위해 사용할 수 있게 만든다. 우리 아이를 리더로 키우고 싶은가? 그렇다면 상대방을 신뢰하고 존중하는 마음, 배려하는 마음부터 시작해보자.

리더는 항상 1등이라는 오해

많은 부모들은 1등을 많이 하는 사람이 혹은 늘 1등인 사람이 리더라고 생각한다. 부모가 평소 접하는 리더는 사회에서 성공한 사람들의 모습이기 때문이다. 세상을 변화시킨 사람들을 부모들이 이야기하는 이유는 아이가 그들을 본받기를 바라기 때문일 것이다. 성공한 경영인, 성공한 학자, 성공한 법률가 등 부모는 리더의 성공한 모습만을 기억하며 아이가 어릴 때부터 탁월한 재능을 발휘하기를 기대한다. 그리고 필요충분조건으로 무엇이든 1등이 되기를 바라고, 적극적인 성격으로 모든 일에 참여하기를 바란다.

유치원 발표회에서 다른 아이들 앞에 나서서 무대를 휘어잡는 아이의 엄마 표정과 한구석에서 쭈뼛거리는 아이를 둔 엄마의 표정은 극과 극이다. 돋보이는 아이를 둔 엄마는 다른 엄마들에게 칭찬을 받으며 자신의 능력인 양 뿌듯한 얼굴이 된다. 반대로 쭈뼛거리는 아이의 엄마는 안타까운 마음 반 속상한 마음 반으로 초조하고 속상하다. 결국 무대에서 내려온 아이의 마음에 상처를 주는 말을 하고 만다.

"너 그렇게 해서 나중에 크면 뭐가 되겠니. 다른 사람 뒤만 따라다닐 것 아니야."

앞서 나가지 못하는 것을 실패라고 생각하는 부모들은 아이의 마음에 상처를 입힌다. 부모가 원하는 것은 아이가 자신감을 갖는 것인데, 잘못된 행동으로 오히려 아이를 소극적으로 만든다. 무엇을 하든 부모에게 칭찬받지 못하는 아이는 자존감이 약해지며, 다른 사람보다 앞서 나가기보다는 오히려 자꾸 벽 뒤로 숨으려고 한다. 자신이 부모의 기대를 채우지 못한다고 생각하는 아이는 스스로를 비하하고, 자신이 가치 없는 존재라고 생각한다.

그런데도 **많은 부모들은 아이의 마음을 키워주기보다 단순히 성적만을 올려주려고 한다. 학교에서 성적이 좋아야 다른 아이들보다 돋보일 수 있고, 돋보이다보면 자신감이 생겨서 리더가 될 것이라고 생각하기 때문이다. 하지만 과연 그럴까?**

막상 아이들에게 인기 있는 친구는 반드시 성적이 뛰어난 아이가 아니다. 오히려 성적은 그다지 뛰어나지 않아도 쉬는 시간에 신나게 뛰어놀거나, 재미있는 말로 친구들을 웃기거나, 의젓

하게 다른 아이들의 고민을 들어주는 친구였다.

리더는 결코 혼자서는 존재할 수 없다. 리더가 되기 위해서는 다른 사람과 어떤 관계를 맺는가가 무척 중요하다. 더 나아가 사람들을 이끌고 의견을 통합해 나아가는 방법을 알고 있어야 올바른 리더의 역할을 할 수 있다.

올바른 리더는 구성원 모두가 스스로 자신이 중요한 일을 하고 있다고 느끼게 만든다. 서던캘리포니아 대학교 경영학 교수인 워렌 베니스Warren Bennis는 '훌륭한 리더는 구성원들 한 명 한 명을 체크하며, 각자의 자질을 북돋아 자신이 중요한 인물이라고 느끼게 하고 자신이 하는 일에서 의미를 찾게 해주는 사람'이라고 정의했다. 아이들도 마찬가지다. 회장으로 뽑힌 아이는 학업 성적이 1등인 아이가 아니라 또래 모임에서 친구들의 마음을 하나로 뭉치고, 목표한 방향으로 이끌고 나가는 아이들이다.

리더가 되기 위해서는 리더십을 키워야 한다. **아이를 리더로 키우기 위해서는 우선 부모가 아이를 잘 이끌어주는 올바른 리더가 되어야 한다.** '리더'는 다른 사람을 자신의 뜻대로 이끄는 것뿐 아니라 자신을 다스릴 줄 아는 사람이다. 리더는 조직사회에서 개개의 구성원을 이해하고 주어진 상황에서 최적의 결정을 내리는 중심인물이다. 부모도 아이의 리더가 되어 상황에 따라 아이에게 모범을 보이기도 하고, 대화를 통해 아이디어나 의견을 제안하기도 하고, 아이가 목표를 이룰 수 있게 격려하고, 가끔은 다그칠 수도 있어야 한다. 무엇보다 아이의 상태를 제대로 파악한 후 아이에게 맞는 리더십을 키워주려는 노력이 필요하다. 무조건 1등이 되기를 강요하는 것은 아이에게 올바른 리더십을 가르쳐주는 방법이 아니다.

우리가 앞서 살펴본 여러 리더들 또한 자신만의 독특한 리더십을 갖고 있었다. 우선 빌 게이츠는 창의력이 뛰어난 리더라고 볼 수 있다. 더불어 의사소통능력과 조직운영능력이 뛰어난 리더였다. 게이츠 재단을 만든 그는 자신의 재산을 모두 재단에 쏟아 붓고 가난하고 소외된 사람을 위한 활동을 벌였다. 노블레스 오블리주의 모습을 직접 실천한 그는 오히려 마이크로소프트사를 그만둔 후 더욱 진정한 리더로 인정받고 있다.

반면 스티브 잡스는 창의성뿐 아니라 혁신성이 뛰어난 리더였다. 독특한 카리스마로 다 쓰러져 가는 애플을 다시 최고의 회사로 일으켜 세웠다. 그는 뛰어난 연설을 하는 것으로도 유명하다. 애플의 신제품 발표회가 늘 이슈가 되는 이유는 새로운 제품의 기능 때문이기도 하지만, 이것을 설명하는 스티브 잡스의 연설 때문이었다. 수십만 명의 사람들을 휘어잡는 카리스마와 뛰어난 설득력을 가진 스티브 잡스 덕에 애플은 수천만 달러의 광고 비용을 줄일 수 있었다. 빌 게이츠와 스티브 잡스 모두 학교에서 1등이자 모범적인 생활을 한 학생은 아니었다.

언젠가 빌 게이츠는 한 고등학교에서 연설 중 이런 말을 한 적이 있다. "공부 잘하는 친구를 무시하지 마세요. 사회에 나가면 그들이 당신의 상사가 되어 있을 테니까요."

빌 게이츠의 이 말은 '무조건 공부 열심히 하라, 1등 하라'는 뜻은 아니다. 목표 지향성, 인내심, 책임감과 같은 리더십의 특성을 학생들에게 설명하기 위함이었다. 자신만의 목표와 꿈이 있는 학생은 학창 시절을 그저 여자친구를 사귀거나 멋진 차를 몰고 파티를 하는 시간으로 때우지 않는다. 하고 싶은 일을 위해서 미래를 설계하고 목표를 정한 후 자신의 목표를 성취하기 위한 과정으로 열심히 공부한다. 목표가 있는 학생은 자신이 세운 목표를 달성하기까지 겪어내어야 할 지루하고, 고통일 수도 있는 시간을 버티면서 인내심도 키운다. 빌 게이츠가 말한 '공부 잘하는 친구'란 부모가 하라는 대로 공부만 하는 샌님이 아니라 주변에 휩쓸리지 않고 자기가 세운 목표를 위해 앞으로 나아가는 학생을 일컫는 것이었다. 그리고 이런 학생들이 우리 사회에서 리더가 된다는 의미로 이야기한 것이다.

자신의 목표를 달성해본 사람은 조직의 목표 또한 달성할 수 있다. 성공을 경험한 사람이 성공의 방법을 아는 것처럼. 하지만 우리는 어떠한가. 아이의 리더십을 알게 모르게 깎아내리지는 않는가. 아이가 스스로 목표를 정할 때까지 기다려주기보다는 부모가 먼저 목표를 정해버린다. 성공하려면 좋은 대학에 입학해야 하고, 좋은 대학에 가려면 좋은 성적을 받아야 하고, 좋은 성적을 받으려면 지금 열심히 공부해 1등이 되어야 한다는 논리로 아이를 하루 종일 책상 앞에만 앉혀놓는다. 1등만 하면 모든 것이 해결되는 것처럼 가르친다. 모든 것을 부모가 알아서 해주니 아이는 아무런 고민도, 의욕도 없다. 자신이 하고 싶다고 허락해줄 부모도 아니고, 자신이 하기 싫다고 이해해줄 부모도 아니기 때문이다.

성공한 리더들은 자신이 무엇을 해야 하는지 정확히 알고 있는 사람들이다. 그리고 자신의 능력을 끌어올리기 위해 노력하고, 현재의 자신을 신뢰하는 사람들이다. 부모가 사로잡힌 1등 신드롬은 아이에게 물고기를 잡는 과정보다 어떤 물고기를 잡았는지 결과만이 가치 있다고 여기게 만든다.

학교에서 성적표를 받아온 아이에게, "그러니까 너보다 잘한 아이는 몇 명이니?"라고 묻는 부모들, 100점을 맞아도 "너 혼자야? 아니면 100점을 맞은 아이가 또 있어?"라고 캐묻는 부모들, 1등이라는 가치만 내세우며 아이의 노력을 무시하는 부모는 아이의 자존감을 무너뜨리며 자신을 가치 없는 아이로 생각하게 만든다. 자신감이 없는 아이는 어떤 일에든 부정적인 사고를 갖는다. 할 수 있고, 될 수 있다는 확신이 없는 아이가 리더십을 갖게 될 리 만무하다.

아이의 능력을 답답해하는 부모는 어떤 수를 써서라도 1등을 경험하게 해주고 싶어 한다. 성공을 경험해보는 것이 아이의 자신감을 키워주는 방법이라고 생각하기 때문이다. 문제는 부모의 잘못된 애정이 오히려 아이에게 편법만을 가르쳐줄 수 있다는 점이다.

그림대회에서 상을 타기 위해 부모가 대신 스케치와 색을 같이 칠해준다거나, 아이의 숙제를 부모가 대신 해주어 칭찬을 받게 한다거나, 회장 선거를 할 때 슬쩍 용돈을 주면서 친한 친구들에게 먹을 것을 사주라고 말하는 부모를 통해 아이는 무엇을 배울까.

리더는 뛰어난 결과만 만들어내는 사람이 아니다. 결과를 만들어내기까지의 과정도 중요하게 여긴다. **하워드 가드너와 변혁적 리더십을 주장한 뉴욕주립대학의 브루스 아볼리오 교수 등은 21세기 리더가 가져야 할 리더십을 '오센틱 리더십Authentic Leadership'이라고 말한다.**

오센틱Authentic은 사전적 의미로 '진정한, 신실한'이라는 뜻이다. 오센틱 리더십은 단순히 거짓말을 하지 않는다는 좁은 의미를 뛰어넘어 도덕성, 품성에 바탕을 둔 리더십이다. 또한 구성원들을 조화롭게 이끌어나간다는 의미에서 섬김의 리더십, 즉 서번트 리더십Servant Leadership과도 연결된다. 서번트 리더십은 21세기 미국이 겪은 경제 위기에서 태어난 말이다. 그들은 단순한 금융의 위기가 아니라 비윤리적인 행동도 서슴지 않으면서 수단과 방법을 가리지 않고 높은 수익을 창출하려는 잘못된 욕망이 사회에 악영향을 주었음을 깨달았다. 이를 통해 미국 사회에서는 리더가 단순히 성과를 높이 내는 능력뿐 아니라 진실성과 도덕성 또한 갖추고 있어야 한다는 차원에서 비롯된 용어였다.

21세기형 리더는 구성원들에게 신뢰와 존경을 받을 수 있어야 한다. 자신만의 이득이 아니라 사회를 위해 자신의 역할과 책임을 고민하는 리더가 진정한 리더이다. 그러기 위해서는 **지식이 많은 아이보다 지혜로운 아이로** 키우는 것이 현명하다. 지혜로운 아이는 스스로 깨달아 올바른 방향을 찾을 수 있고, 자신이 모자란 부분은 다른 이들에게 배우는 것을 주저하지 않는다. 그 안에서 다른 사람과 관계 맺고 다른 사람의 의견을 경청하며, 그들과 협동하는 법을 배워 나간다. 지혜는 꼭 1등이라고 얻어지는 것이 아니라는 것을 명심하자.

스스로 일상을 이끄는 습관

1. 스스로에게 자부심을 갖게 한다

아이에게 '나'는 세상에 하나뿐인 귀한 존재임을 스스로 깨닫게 해준다. "그 일은 너 아니면 누가 할 수 있겠어!" "야, 이건 엄마, 아빠도 못하는데 진짜 잘하는구나!" 식으로 아이의 장점을 끊임없이 칭찬해준다. 자신을 귀하게 여길 줄 모르면 결코 리더가 될 수 없다.

2. 목표와 계획을 세우게 한다

미래의 리더는 계획성 있는 생활을 할 수 있도록 미리 훈련해야 한다. 일의 경중을 가리고, 순서를 정하지 않으면 목표를 달성하기 힘들기 때문이다. 작은 것부터라도 반드시 실천할 수 있는 일을 기록하게 하고, 스스로 체크하게 해준다. 동생과 잘 지낸다거나 장난감을 정리하는 등의 계획도 괜찮다. 초등학교에 들어간 아이라면 공부나 숙제 계획을 세워본다. 단, 지나치게 자세하거나 어려운 계획을 세워 스스로 포기하지 않게 한다.

3. 자신이 한 일은 스스로 책임지게 한다

아이가 스스로 판단하고 결정한 일에 대해서는 반드시 그 책임을 명확하게 한다. 어려서부터 책임을 지려는 자세를 가져야 어른이 되어서도 신중한 일처리를 할 수 있다. 리더는 자신이 결정한 일에 스스로 책임을 짐으로써 구성원들의 신망을 얻는다.

4. 패배를 인정하게 한다

결과에 깨끗이 승복하고 인정할 줄 아는 사람으로 만들려면 아이에게 패배를 인정하는 법을 가르쳐야 한다. 아이들은 게임을 하다가 질 경우 지지 않았다고 울며불며 우긴다. 진정한 리더는 솔직하게 자신의 잘못과 패배를 인정할 줄 아는 사람이다.

✳ ✳ ✳
문제해결능력으로 살펴보는 리더십

 심리학자인 스탠리 쿠퍼스미스Stanley Coopersmith가 진행한 재미있는 실험이 있다.

 아이들 앞에 가까운 곳부터 다소 거리가 떨어진 곳까지, 차이를 두고 목표물을 세워두었다. 그 다음엔 콩 주머니를 던져 목표물을 맞히게 했다. 물론 먼 곳의 목표물을 맞히는 경우 더 높은 점수를 받게 된다. 그리고 콩 주머니를 던지기 전 아이들에게 어떤 목표물을 맞힐 것인지, 얻고 싶은 점수는 몇 점인지, 실제로 몇 점이나 받을 것 같은지 물어보았다. 어떤 아이들은 먼 거리의 목표물을 정하고 점수 또한 높게 말했다. 다른 아이들은 비교적 가까운 거리의 목표물과 낮은 점수를 말했다. 실험 결과, 높은 점수를 받을 것이라 예상한 아이들은 모두 목표 이상의 점수를 얻었고 낮은 점수를 받을 것이라고 말한 아이들은 예상 점수에 훨씬 못 미치는 점수를 얻었다.

이것은 자존감이 무엇인지 논할 때 자주 등장하는 실험이다. 자존감이란 자신이 잘해낼 것이며 성공할 것이라는 믿음으로 어려운 과제를 집중력과 끈기를 발휘하여 해결하려는 노력이다. 자존감이 높은 아이는 문제해결능력이 뛰어난데, 아이가 위기상황과 마주했을 때 어떻게 반응하는지, 그리고 아이의 반응에 부모가 어떤 양육 태도를 보이는지를 통해 아이의 자존감이 높고 낮음을 알 수 있다. 그리고 이런 문제해결능력은 리더의 조건과도 맞닿아 있다.

문제해결능력이란, 어려운 난관 앞에서도 해낼 수 있다는 믿음과 자신감을 가지고 끈기 있게 도전하고 결국 문제를 극복하거나 해결하는 능력이다. 어떻게 보면, 사회 구성원들이 궁극적으로 리더에게 바라는 것은 문제해결능력일지도 모른다. 우리 사회가 대면하고 있는 여러 가지 위기를 떠올려보자. 고물가, 취업난, 실업난, 빈부격차, 환경오염, 정치부패, 범죄 등 셀 수 없을 정도로 많은 문제들에 봉착해 있다. 국민들은 이 모든 문제들을 사회지도층, 즉 리더가 올바른 방향을 제시하고 해결해주기를 소원한다.

하지만 문제해결능력이란, 단순히 어떤 결론, 목적지에 도착하는 것만을 의미하지는 않는다. 즉 구성원이 지향하는 것과 다른 목표를 리더가 독단적으로 설정해 강압적으로 밀어붙이는 것은 진정한 의미의 문제해결능력이 아니다. 구성원과의 의사소통 능력을 토대로, 조직 전체가 추구하는 목표를 설정하고 함께 문제를 해결할 수 있도록 독려하며, 실패에 좌절하지 않고 끈기 있게 도전함으로써, 마침내 성공을 거두게 되는 능력이 리더가 갖추어야 할 문제해결능력이다.

아이들의 학교생활에서도 이런 상황은 흔히 벌어진다. 초등학교에서 진행하는 모둠 교육은 상당히 많은 시간을 차지한다. 4~5명이 한 모둠이 되어 과제를 수행하는데, 이 과정 속에서 아이들은 다양한 상호작용을 하게 된다. 이 작용 속에서 아이는 의사소통능력과 문제해결능력을 발휘하게 된다. 그리고 그중 능력이 뛰어난 아이가 모둠의 리더 역할을 하게 된다. 이런 리더는 자신의 독단적인 능력으로 과제를 수행하지 않는다. 구성원의 이야기에 귀 기울이고, 의견을 취합하며, 가장 좋은 결론으로 문제를 해결하기 위해 노력한다. 과제가 쉽게 끝나지 않더라도 구성원이 지치지 않게, 끈기 있게 나아갈 수 있도록 용기를 불어넣기도 한다.

내 아이가 리더로서 문제해결능력을 갖추려면 끈기와 도전 정신을 가져야 하는데, 이 역시 부모의 양육 태도에 의해 많이 좌우될 수밖에 없다.

또래 아이더라도 어떤 아이는 끈기 있게 문제를 바라보는가

하면, 어떤 아이는 쉽게 포기한다. 실상 대다수의 아이들은 쉬운 과제는 척척 잘해내지만 조금만 어렵다거나 번거롭다는 생각이 들면 가차없이 "나 안 해!" "나 못해!" "엄마, 아빠가 해줘!" 하는 경우가 많다. 문제는 이 아이들이 처음부터 쉽게 포기하는 아이는 아니었다는 사실이다. 어려운 과제 앞에서 부모의 힘을 빌리거나 두 손을 들고 포기하는 아이는 어릴 때 양육 환경에 있어 어려운 과제를 성공해본 경험이 부족한 탓이 크다.

생후 12개월, 아이는 스스로 숟가락을 들고 밥을 떠먹겠다고 고집을 피운다. 잠깐 지켜보던 부모가 아이가 밥알을 사방 천지에 흘리자 나중에 치울 것이 더 번거롭게 여겨졌다. "내가 떠 먹여줄게." 생후 24개월이 되자 소근육이 발달한 아이가 작은 퍼즐 조각을 이리저리 구멍에 맞춰보고 있다. 아이는 동그란 구멍에 네모 조각을 넣겠다고 낑낑댄다. 보다 못한 아빠가 옆에서 "거기가 아니잖아? 네모 구멍에 넣어야지" 하고 거든다. 만 3세, 아이가 어설픈 손놀림으로 외투의 단추를 잠그고 있다. 아이는 한참을 씨름한 끝에 자신의 힘으로 단추를 모두 끼웠다. 하지만 첫 단추를 잘못 끼운 탓에 아래 단추 하나가 남게 되었다.

부모는 "바빠 죽겠는데 이게 뭐니? 내가 다시 해야 하잖아?" 하며 소리친다.

아이는 과거 경험 속에서 끈기 있게 도전하고 성공을 경험한 것이 아니라 조금만 어려워도 쉽게 포기하고 힘 센 사람의 능력을 빌리는 요령을 터득한 것일 수 있다. 이렇게 되면 아이에게 끈기, 도전 정신, 자신감을 길러줄 수 없으며, 결국 자존감을 훼손하고 리더의 자리에서 한 걸음 더 멀어지게 만든다.

반면 아이가 스스로의 힘으로 어려운 과제를 해결하거나 '성공한 경험'이 많으면 아이는 더욱더 자신감을 갖게 되고, 나중에 좀 더 어려운 과제를 만났을 때 성공할 수 있다는 믿음으로 도전을 하게 될 것이다. 이것이 바로 문제해결능력이다.

여기서 '성공의 경험'을 어려운 것으로 받아들이면 안 된다. 아이 성장 발달 과정에서 해낼 수 있는 과제를 주고, 그것을 성공시켰을 때 칭찬해주는 일이 바로 아이가 받아들이는 '성공의 경험'이다. 아이 힘에 버거운 과제를 주고, 그것을 잘 끝내는 것만 성공은 아니다. 그리고 아이가 해냈을 때에는 아낌없는 칭찬과 격려가 필요하다.

때로는 아이의 도전이 실패할 수도 있다. 아이가 실패를 하더라도 툭툭 털고 일어나 다시 과제에 도전할 수 있게 하려면 부모가 아이의 실패를 심각하게 받아들이지 않아야 한다. 실패를 통하지 않고는 아무것도 배울 수 없다. 만약 부모가 실패를 너무 심각하게 받아들이면 아이는 실패할지도 모르는 일은 무조건 피하려 들 것이며, 성공할 것 같지 않으면 결코 도전하지 않을 것이다.

처음 시도한 것 자체만으로도 칭찬해주고 다음번에는 더 잘할 수 있음을 격려하고 약간의 요령을 알려주는 것이 좋다.

아이가 웬만한 과제를 잘 수행하면 때로는 아이의 능력보다 조금 힘든 과제를 주는 것도 필요하다. 자신의 능력에 벅차고 힘든 과제를 갖은 노력을 기울여 성공하게 되면 우리 뇌에서는 도파민이라는 신경전달물질이 분비되어 짜릿한 쾌감을 느끼게 된다. 운동선수들이 금메달을 따거나 우승을 하기 위해 육체적으로 고통스러운 훈련을 견디는 것도, 우승 즉 성공 후 느끼게 된 짜릿한 쾌감을 알기 때문이다.

아이에게 성공의 경험이 짜릿한 쾌감으로 남는다면, 아이는 앞으로 닥칠 위기에서도 끈기 있게 매달리고 해결하기 위해 노력할 것이다. 성공의 경험이 많아야 위기에 도전하는 리더가 될 수 있다.

✳︎ ✳︎ ✳︎
성공하는 리더의 필수 조건

　우리는 TV, 신문, 인터넷 등 다양한 매체를 통해 사회지도층이라 불리는 사람들의 모습을 본다. 능력 있는 정치인, 무능한 정치인, 올바른 가치관과 경영 원칙을 가진 기업인, 편법과 비리를 일삼는 부패한 기업인, 지식을 실천하는 명망 높은 학자, 표리부동한 학자 등. 명색은 리더지만 우리는 그들 모두를 리더라고 인정하지 않는다. 진정한 리더는 자신이 속한 조직의 구성원과 함께 공동의 목표를 지향하며 올바른 길로 이끌어가는 사람이기 때문이다. 더 나아가 자신과 목적과 뜻이 다른 이들의 존재를 인정하고, 공정하게 대하며, 서로 윈-윈win-win할 수 있는 방향을 제시할 수 있는 사람이다.

　브라질 전 대통령 룰라Lula da Silva는 무학無學에 노동자 출신의 좌파 대통령이었지만, 단호하게 정치적 결단을 내리고 어려운 경제 난국을 우직하게 돌파하여, 우파 세력까지도 현명하고 공정하게 포용함으로써, 퇴임 하루 전 지지도가 84%에 달했다. 정치인의 지지율은 자신의 정책을 지지하는 사람과 반대하는 사람을 하나로 모아내는 능력을 뜻한다. 리더의 커다란 자질 중 하나이다.

이렇게 다른 사람을 포용하기 위해서는 무엇보다도 자신의 자존감이 확고해야 한다. 자존감이 높은 리더일수록 자신이 맡은 역할을 성공적으로 수행해내고 조직원들의 신뢰와 존경을 받는다. 마음 깊은 곳에서 스스로를 믿지 못하는 사람은 다른 사람에게 동기를 불어넣을 수 없고, 공동의 비전을 향해 열정적으로 구성원들을 이끌어나갈 수도 없다.

이와 반대되는 경우도 우리는 이 책을 준비하면서 찾아볼 수 있었다. 한 컨설팅 회사에서 기업들을 상대로 새로운 경영 방식을 컨설팅했다. 처음에는 그 방식이 순조롭게 적용되어 회사가 변화하는 듯 보였다. 하지만 시간이 흐를수록 예전의 낡은 방식으로 되돌아갔다. 이유를 살펴보니, 그 조직의 리더가 자존감이 낮았기 때문에 발생한 것으로 분석됐다. 자존감이 대체 무엇이기에 기업의 흥망성쇠를 좌우할까. 우리는 자존감이 낮은 리더의 특징을 좀 더 살펴보기로 했다. 자존감이 낮은 리더는 자신보다 자존감이 높은 구성원을 인정하지 않는 경향이 강하다는 공통적인 특성을 발견할 수 있었다. 게다가 자신의 결정을 끊임없이 의심하고 불안해하기 때문에 결국 이전의 낡은 조직 형태에서 벗어나지 못했다. 이 이야기 속 리더는 결국 기업에서 좋은 맺음을 하지 못했다.

'시대에 변화에 맞춰 아이를 어떻게 성장하게 할 것인가'라는 주제는 모든 부모의 고민일 것이다. 특히 시대에 뒤쳐지지 않고, 앞서나가 아이가 결국 살아남기를 바라는 부모라면 시대가 필요로 하는 인재에 대해서도 고민할 것이다.

우리는 이 책을 정비하면서 저성장 시대이자 변화가 무척 빠른 지금의 사회에 주목했다. 그리고 여러 전문가들을 통해 지금 사회가 그리고 앞으로의 미래가 필요로 하는 리더의 덕목은 무엇인가에 대한 질문에 나름의 답을 고민했다. 우리가 얻은 결론은 이렇다. **첫째, 현실을 객관적으로 바라볼 수 있다. 둘째, 신중하되 자신의 판단과 결정을 망설이지 않는다. 셋째 도전과 실패에 두려움이 없다.**

이 책을 읽는 독자 여러분은, 변화를 두려워하지 않고 시대의 흐름에 맞춰 자신의 형태를 유연하게 변화시킬줄 아는 기업과 사람이 성공하는 시대에 와 있음을 알고 있을 것이다. 유연한 변화는 자존감이 높은 사람만이 해낼 수 있다. 과거의 방식을 개선하는 것이 과거의 모습 전체를 부정하고 폄하하는 일이 아님을 인지할 수 있어야 하기 때문이다. 더 나은 방향으로 가려는 용기와 선택은, 자존감이 높은 사람만이 할 수 있다. 우리들의 자녀가 이렇게 성장하여 어른이 된다면, 합리성, 현실성, 직관력, 창의력, 독립성, 유연성, 관용이 뛰어난 성공하는 리더가 되어 있을 것이다.

성공은 하루아침에, 단번에 찾아오지 않는다는 것을 우리 어른들은 잘 알고 있다. 누구나 실수를 저지르고 실패를 경험할 수 있다. 중요한 것은 실패를 대하는 태도이다. 자신의 삶과 조직을 잘 이끄는 리더는 실수를 하더라도 다른 이에게 자신의 약점을 잡힐까 전전긍긍하면서 감추려 하지 않는다. 그 실수를 순순히 인정하며 더 나은 결정을 위해 자신의 태도를 바꾼다. 여러 번의 좌절을 겪으며, 경험을 통해 지구력을 얻고, 인내를 기른다. 우리 아이들도 자존감의 기반이 잘 닦여 있다면, 언젠가는 자신의 경험을 통해 얻은 지구력과 인내로 자신의 세상에서 살아남을 것이다. 그리고 마침내 자기 삶의 주인으로 살면서 자신이 소속된 곳에 이익과 성장을 가져다주는 성공하는 리더가 될 것이다.

세계적으로 성공한 기업이 모두 탄탄대로를 달렸던 것은 아니다. 하지만 이런 기업에는 어려움과 난관을 자신감 있게 헤쳐나간 리더가 있었기에 위기를 기회로 바꾸고 성공의 발판을 마련할 수 있었음을 기억하자. 우리의 아이들도 성공하는 리더가 될 수 있다.

아이의 불안을 갈무리하는 부모의 긍정

아이가 자랄수록 부모는 아이와의 관계를 힘들어한다. 아이가 자신의 뜻대로 움직여주는 존재가 아니라는 것을 점점 더 깨닫는 것이다. 그러면서도 부모로서 보상받고 싶은 마음으로, 아이의 장래를 위한다는 생각으로, 아이의 욕구와 능력을 판단하게 된다. 그리고 자신이 원하는 것만 일방적으로 말하게 된다. 아이는 힘든 자신을 이해해주지 못하는 부모에게 실망하고, 부모의 권위에 눌려 도망가고 싶어 한다. 가까워지고 싶은 마음과 반대로 멀어지기만 하는 관계는 서로를 지치게 만든다.

《오체불만족》이라는 책을 쓴 오토다케 히로타다는 팔과 다리가 제대로 성장하지 못한 장애인으로 태어났다. 하지만 그의 부모는 이런 아이를 부끄러워하는 대신 충분한 사랑을 주며 키워냈다. 비록 손과 발이 없었지만, 그는 부모의 사랑으로 정상적인 아이들과 같이 자신의 능력을 최대한 발휘하며 자라났다.

부모는 살이 찐 아이, 키가 작은 아이처럼 오토다케 또한 그저 다른 아이들과 조금 다른 특징을 가진 아이로 대했다. 오토다케는 친구들과 신나게 뛰어 놀았으며, 정상인이 하는 것을 자신의 신체 특징에 맞춰 해내었다. 조금 늦게 배우고, 조금 더 많이 시도해야 했을 뿐이었다. 그는 자신을 실패자라고 여기지 않았다. 실패는 그저 자신의 삶에서 이루어내야 할 목표를 향해 가는 과정이라고 생각했을 뿐이다. 오토다케는 와세다대학교 정치학과를 졸업했으며, 현재 학교에서 학생들을 가르치고 있다.

어떠한 상황에서도 아이를 포기하는 부모는 없다. 늘 긍정적인 관점에서 바라보아야 한다. **포기하지 않는 부모는, 아이 역시 포기하지 않는 어른으로 만든다.** 내 아이가 하는 말과 그 속에 담긴 뜻, 행동 하나하나에 열린 마음으로 받아주고, 더 발전적인 방향으로 나아갈 수 있도록 이끌어야 한다.

우선 아이의 사소한 행동이나 잘못에 대해 사사건건 과민반응하지 않도록 한다. 옛 어른들은 '아이들은 그냥 두면 저절로 큰다'고 말을 했다. 아쉽게도 요즘은 그럴 수 없다. 부모가 하나부터 열까지 챙겨주지 않으면 아이가 잘해낼 수 있을지 걱정이 태산이다. 대가족 시대의 교육은 집안에서 자연스럽게 이루어질 수 있었다. 조부모를 통해, 형제자매를 통해, 다양한 대인관계를 맺으면서 그들로부터 배워야 할 것은 자연스럽게 습득했다.

고작해야 형제가 한둘이고 그나마 가족이 모이는 시간이 저녁 뿐인 오늘날의 가정에서 부모의 역할은 더 중요해졌다. 그렇다고 하더라도 너무 예민하게 아이의 일거수일투족에 반응하는 것도 건강한 발달과 자존감 형성에 도움이 되지 않는다. 가끔은 아이가 혼자서 오롯이 경험하고 판단하며 생각을 정리할 수 있도록 시간을 주는 것도 필요하다. 이것은 무관심과 다르다. 만약 아이가 학교에서 화가 난 얼굴로 돌아왔을 때, **"도대체 무슨 일이야? 친구랑 싸웠어? 선생님한테 혼났니? 시험 망쳤구나?"라고 대응하지 말자. 아이가 말문을 열지 않는다면 "네가 지금 힘들구나. 엄마에게 말할 마음이 생기면 이야기해주렴. 엄마는 기다릴게" 하고 기다려준다.** 부모가 관심을 기울이고 열린 마음으로 들을 준비가 되어 있다는 사실을 알려주는 것만으로도 아이는 불안한 마음을 갈무리할 수 있다.

부모는 아이의 관점에서 듣고 생각하도록 노력해야 한다. 물론 아이의 이야기가 어른의 기준으로는 잘못되었거나 어리석어 보이는 경우가 있다. 하지만 아직 아이는 어른만큼 인지 능력이나 종합적인 사고력, 판단력이 발달한 상태가 아니다. 아이는 제 기준에 맞춘 잣대가 있으며, 부모 역시 아이를 있는 그대로 바라보고 싶다면 아이의 잣대로 이해할 필요가 있다. 그리고 아이를 변호하는 마음으로 듣는 것이 필요하다. 속상한 마음을 알아주기는커녕 무조건 냉정한 판단만 한다면 아이는 가장 큰 지지자를 잃어버린 듯한 상실감에 빠질 수 있다. 아이와의 대화법 중에서 가장 기본이 바로 '공감'이라는 것을 잊지 말자. 아이는 부모가 공감해주는 것만으로도 자신의 마음을 다스리며, 스스로 올바른 판단을 내릴 힘을 얻는다.

그러나 공감을 한다고 해서 아이의 말에 함께 분노하라는 것은 아니다. 필요 이상으로 아이의 마음에 밀착된 부모는 아이의 말 하나에 오히려 자신의 감정을 드러내 보이며 아이의 판단력을 흐리게 만드는 경우도 있다. "아니, 걔가 뭔데 그래? 그 애는 잘난 게 뭐 있어?" 이런 반응은 아이의 마음을 이해하는 것이 아니라 부모가 대신 상황을 판단해버리는 것이다.

아이를 이해한다는 것이 '무조건 아이가 옳다'고 여기라는 것은 아니다. 아이가 잘못을 저지른 경우라면 어떻게 할까? 이 또한 아이의 관점에서 판단하고 아이 편을 들어주어야 하는 것일까? 같은 잘못에 대해 매번 이렇게 받아주는 것은 옳지 않다. 적정한 타이밍에 아이의 잘못에 대해 꾸중을 하는 것도 필요하다. 문제는 꾸지람의 내용이 건설적인 비판이기보다 대부분 아이를 비난하는 경우가 많다는 점이다.

비난과 비판은 다르다. 비난은 아이의 자존감을 깎아내리며, 모든 행동을 가치 없게 여기게 만든다. 아이 탓으로 돌려지는 모든 상황이 사실은 부모가 만든 상황이라는 것을 대부분의 부모가 깨닫지 못한다. 비판자는 아이의 인격을 무시하는 말을 하지 않는다. 대신 행동에 대한 잘잘못을 가름하며, 그 안에서 어떤 행동이 올바른 행동인지 제시한다. "도대체 이런 시험점수를 받아오다니. 네가 정신이 있는 거니, 없는 거니?" 같은 비난은 아이를 '정신없는 아이'라고 몰아세우는 것이다. 좀 더 나은 대화는 이런 것이다. "우리가 생각하기엔 네가 더 많은 능력을 갖고 있는데도, 점수가 그것보다는 못 나온 것 같아. 시험 전에 게임을 너무 많이 한 것 같은데, 그게 점수가 떨어진 원인인 것 같다." **부모의 생각을 아이에게 정확하게 알려준다. 비판할 때는 자신의 의견만 이야기하는 것이 아니라 아이의 생각도 공정하게 들어주는 것이 필요하다. 그래야 서로가 이해하고 받아들일 수 있는 가장 좋은 해결책을 만들어낼 수 있다.**

부모의 바람은 아이가 올바른 자존감을 갖고 건강하고 행복하게 살아가는 것이다. 자신이 생각하는 '행복의 방향'을 아이에게 잘못 강요함으로써 많은 문제가 생기긴 하지만 말이다. 임상심리학의 대가인 토니 험프리스Tony Humphreys는 올바른 부모의 역할은 아이의 무한한 가치를 일깨워주는 것이라고 말했다. 그는 자신의 저서 《Self-Esteem: The Key to Your Child's Future》에서 신체적, 정서적, 지적, 행동적, 사회적, 창조적인 자아를 잘 형성시켜줄 때 아이는 온 우주에서 하나밖에 없는 자신의 인생에 자신감을 갖고 앞으로 나아가갈 수 있다고 말한다. 그 가치는 다음과 같다. 내 아이에게 이런 가치를 만들어주자.

〈오늘부터 아이에게 알려줄 가치〉

신체적 자아	"네 몸은 항상 옳다."
정서적 자아	"넌 아무 조건 없이 사랑받는 가족의 소중한 일원이란다."
지적 자아	"네게는 세상을 이해할 수 있는 무한한 능력이 있어."
행동적 자아	"노력이 곧 재능이며 네 존재만으로도 큰 기쁨이야."
사회적 자아	"넌 유일하고 특별한 존재야."
창조적 자아	"너만의 고유한 방식으로 자랄 권리가 있단다."

성공한 사람들의 부모로부터 배우는 양육 원칙

아이의 자존감을 높이기 위한 양육법에는 가장 이상적인 방향만 있을 뿐이다. 반드시 이렇게 하면 실패한다거나, 꼭 성공한다고 단언하기 어렵다. 우리 아이들의 특성은 아이마다 하나하나 다르기 때문이다. **우리가 아는 위인전 속 인물이나 리더들의 부모는 과연 어떤 양육 원칙으로 자녀를 키웠을까? 성공 모델 속에서 배우는 몇 가지 양육 팁을 살펴보자.**

1. 아이를 인격적으로 존중한다

간혹 우리는 내가 낳은 자식은 내 것이며, 혹은 내 마음대로 해도 된다고 여기곤 한다. 그러다보면 아이가 내 뜻대로 움직여주지 않을 때 화를 내거나 좌절하거나 비난하기도 한다. 하지만 위인들이나 리더의 부모들은 자녀를 어렸을 때부터 하나의 인격체로서 존중했다. 아이가 하고자 하는 일, 말하는 것을 비난하거나 얕잡아보지 않았으며 부모와 대등한 입장에서 의사소통하고, 선택할 수 있도록 분위기를 만들었다. 아이가 잘못한다고 꾸중하고, 이렇게 해라 저렇게 해라 간섭하는 일은 없었다.

2. 아이의 능력 실현을 위해 헌신적이다

우리 한국 어머니들에게서 가장 많이 찾을 수 있는 것은 사랑과 희생이다. 한평생 자식을 위해서라면 제 한 몸 돌보지 않고, 먹을 것, 입을 것 챙기지 못하고 오직 아이만을 위해 뒷바라지한다. 전쟁을 겪어도, 홀몸이 되어도 자기 자식을 포기하는 어머니는 없었다. 이런 헌신적인 어머니의 모습은 위인들에게서도 찾아볼 수 있는데, 대표적인 예가 바로 발명왕 에디슨이다. 우리가 알다시피 에디슨은 발상이 엉뚱한 만큼 어렸을 때 사고뭉치였다. 학교에서는 늘 낙제점이었고, 호기심이 생기면 반드시 해봐야 직성이 풀리는 아이였다. 이런 에디슨이 학교 선생님의 눈에 곱게 보일 리 없었다. 심지어 저능아라는 말까지 들을 정도였다. 에디슨의 어머니는 선생님에게 "내 아이의 장점을 봐달라"고 부탁했으며 이마저 통하지 않자 결국 학교를 자퇴했다. 그리고 에디슨의 성향에 맞춰 직접 공부를 가르쳤다. 내 아이의 잠재 능력을 믿고 끝까지 포기하지 않았다. 에디슨 역시 이런 어머니를 따라 수천 번의 실패에도 결코 낙담하거나 포기하지 않고 수많은 발명품을 만들어냈다. 맹자의 어머니가 아이의 장래를 위해 세 번이나 이사를 한 것도, 서포 김만중의 어머니가 삯바느질로 아들을 당대 최고의 문인으로 키워낸 것도 모두 헌신적인 노력이 있었기에 가능한 일이었다.

3. 아이만의 개성을 인정하고 비교하지 않는다

상대성이론을 발견한 아인슈타인은 내성적이고 늦된 아이였다. 말도 잘 못했고, 여러 발달 면에서 또래에 비해 뒤처졌다. 그 탓에 학교 선생님이 생활기록부에 '무엇에든 성공 가능성이 희박하다'고 적을 정도였다. 이런 아인슈타인을 격려한 것은 그의 부모였다. 아인슈타인의 어머니는 아들의 질문에 언제나 성의 있고 친절하게 대답했다. 또한 "너는 다른 사람이 갖지 못한 걸 가졌다"고 말하며 소극적이고 내성적인 성격을 장점과 개성으로 바꿀 수 있다고 격려했다. 아인슈타인 역시 자신의 현재 능력 앞에서 실망하지 않고, 부단한 노력 끝에 위대한 과학자가 될 수 있었다.

4. 어려운 과제, 난관을 극복하도록 독려한다

모든 위인들과 리더는 어릴 때부터 독보적인 재능을 타고났을까? 한 번도 실패 없이 주변인들이 혀를 내두를 만큼 탁월한 능력을 발휘했을까? 물론 그렇지 않다. 오히려 평범한 우리보다 더 많이 도전하고, 실패했을 것이다. 하지만 우리와 다른 점은 실패했을 때 좌절하지 않고 다시 도전할 용기가 있었다는 것이다. 끊임없이 도전하려는 아이의 용기는 부모에게서 얻게 된다. 커다란 난관 앞에서도 '할 수 있다'라는 자신감을 불어넣어주는 것도, 성공 가능성을 제시하는 것도 바로 부모의 힘이다. 인류 최초로 비행에 성공한 라이트 형제의 어머니는 어려운 과제 앞에서도 탐구심, 문제해결능력을 발휘하도록 이끌었다. 어린 라이트 형제가 무엇인가를 만들고자 할 때 그의 어머니는 옆에서 조력자로서 지켜봐주었다. 다 만들었을 때 어떤 점이 잘되고 잘못되었는지 격려했으며, 아이들이 만들기를 포기하면 끝까지 완성하도록 이끌어주었다.

5. 아이가 존경할 수 있는 성공 모델이 된다

위인들과 리더들 중에는 자수성가한 사례도 있지만, 부모의 뒷받침 덕에 성공한 경우가 더 많다. 그 '뒷받침'에는 말없이 행동으로 보여준 경우도 있다. 유명 인사의 인터뷰 중에는 가장 존경하는 인물로 부모를 꼽는 경우가 많다. 부모가 특별히 사회적으로 명망 있는 위치에 올랐거나 성공을 했기 때문이 아니다.

인생을 살아오면서 부모가 보여줬던 인품이나 행동에서 자식에게 더 큰 감명을 주었기 때문이다. 율곡 이이의 어머니 신사임당은 자녀를 임신했을 때부터 태교에 힘썼으며, 남편에게는 현명한 아내, 자녀에게는 지혜로운 어머니였다. 자녀를 다그치지 않아도 부모에게서 풍기는 향기만으로도 아이에게는 모범이 될 수 있다. 특히 부모의 도덕성은 자녀가 사회적으로 성공한 이후에도 노블레스 오블리주를 실천할 수 있는 원동력이 된다.

6. 재능을 키울 수 있는 목표와 과제를 선사한다

아이의 재능을 발굴하는 일은 어렵다. 하지만 아이의 단점을 장점으로 변화시키는 것도, 별볼일없는 어린 아이를 재능 있는 아이로 만드는 것도 부모의 몫이다. 지금 우리가 인정하는 유명인사 중에는 반드시 함께 거론되는 어머니들이 있다. 세 남매를 세계적인 음악가로 성공시킨 바이올리니스트 정경화의 어머니가 그러하며, 골프 여왕 박세리 선수의 아버지, 피겨퀸 김연아 선수의 어머니도 그러하다. 미국 케네디 대통령의 어머니가 식사 시간을 온 가족이 참여하는 토론의 장으로 변신시킨 일화는 잘 알려져 있다. 덕분에 케네디 대통령은 서툰 말솜씨를 극복하고 명연설가이자 미국 대통령이 될 수 있었다.

> 사례

간단한 문제도 쉽게 포기하는 아이

내년이면 초등학교에 입학하는 영민. 부모는 아이의 입학 전부터 선행 학습을 위해 일곱 살이 되던 해부터 방문 학습지를 시작했다. 여섯 살부터 시작한 옆집 또래 아이에 비해서는 다소 늦은 감이 있다고 생각했다. 부모는 옆집 아이도 수월하게 학습지를 한다고 들었기 때문에 영민이도 별 문제 없이 잘 따라줄 줄 알았고, 며칠간은 그런 듯 보였다. 하지만 나중에 부모가 살펴보니 문제를 건성건성 풀거나 아예 읽기만 하고 지나친 흔적이 많이 보였다. "영민아, 이것 왜 안 했니?" 하고 물어보면 "응, 딱 보기에도 어려워 보여서"라는 게 아이의 반응. 어릴 때부터 퍼즐놀이나 운동을 하게 되면 쉽게 포기하던 영민이었다. 곧 학교에 입학해 공부도 해야 할 텐데, 걱정이 많다.

자존감 중 유능감에 대한 확신이 부족한 경우 맞닥뜨린 과제가 조금만 어려워도 쉽게 포기하고 좌절을 견뎌내지 못한다. 영민이 역시 조금만 어려워도 그 상황을 벗어나고 싶어 하는 마음을 갖고 있다. 좀 더 참을성 있게 문제를 바라보고, 집중할 수 있도록 일상생활 속에서 훈련해야 하며 자신의 힘으로 해낼 수 있다는 믿음 또한 갖도록 해야 한다.

아이의 자제력, 끈기, 참을성, 자기조절능력 등은 만 3세부터 형성되기 시작하여 만 7세쯤 되면 어느 정도 기본 틀이 자리잡게 된다. 그러므로 유아기 때 아이에게 해도 되는 것과 되지 않는 것을 잘 구분해주고, 아이 역시 이를 구분할 수 있도록 훈육하는 것이 필요하다. 이때 꼭 필요한 것은 수많은 실패를 스스로 떨쳐내고 성공에 이르는 경험을 하게 하는 것이다.

요즘처럼 외동아이가 많은 시대에 아이가 바라는 것이라면, 그리고 그것이 별로 해가 될 것이 아니라면, 전폭적으로 지원을 쏟아붓는 부모들이 많다. 갓난아기 시절부터 아기가 조금이라도 찡찡거리면 한달음에 달려가 안아주던 부모는 아이가 원하는 것을 말하기도 전에 미리 그 앞에 모든 것을 차려놓고 기다리는 부모가 되었다. 아이가 저 혼자 시도하다 실수할 틈도 주지 않고, 떠먹여주고, 입혀주고, 신겨주고, 닦아주고, 재워주는 등 모든 것을 부모가 해주었다.

이런 모습은 아이의 건강한 자기조절능력 형성을 방해한다. **아이가 쉽게 좌절하고 포기하는 경우라면 우선 부모 태도부터 점검해보자. 아이가 실수를 하거나 잘 못하는 상황이더라도 부**

모가 아이 앞에서 조급한 행동을 보이거나, 부부가 아이를 두고 의견 대립에도 언성부터 높이거나 다그치는 일이 없도록 한다. 전문가들은 아이는 부모의 행동 패턴을 은연 중 습득하게 되어 있다고 공통적으로 조언했다. 어려운 과제나 갈등이 생겼을 때, 서로 의견을 나누고 조율하고 합의점을 찾는 과정을 보여줌으로써 아이 역시 자신의 감정이나 욕구를 자제하는 법, 상대방과 의사소통하는 법 등을 배울 수 있다.

그 다음으로는 **아이 스스로 문제를 해결할 수 있는 시간을 주고 성공의 경험을 쌓도록 한다. 참을성이 없고 쉽게 포기하는 아이의 양육 환경을 보면 어렸을 때부터 오랫동안 부모가 알아서 모든 것을 챙겨주는 경우가 많다.** 아이는 자신이 원하는 것을 말하기도 전에 부모가 이미 앞에 대령해놓았기 때문에 자신의 만족을 지연시키거나 욕구를 절제하는 경험을 배우지 못한 것이다. '인내는 쓰다, 그러나 그 열매는 달다'는 말도 있듯이 이 과정에서 아이가 느끼는 것은 '참았다가 원하는 것을 얻었을 때 그것이 훨씬 가치 있고 행복하다'는 사실이다. 또한 끝까지 도전해 얻어낸 성공이야말로 아이가 자신의 능력을 믿고 자신감을 키워갈 수 있도록 도와준다.

영민의 경우처럼 아이가 어려운 문제에 맞닥뜨려 안 풀겠다고 할 때 대다수의 부모는 직접 나서서 아이와 문제를 함께 푼다.

이런 경험이 반복되면 아이는 조금만 어려워도 부모에게 도움을 요청하게 되고 쉽게 포기하게 될지 모른다.

아이의 참을성과 인내, 자제력 등을 길러주기 위해서는 쉬운 문제부터 아이가 많이 풀어보게 한다. 아이 스스로 모든 문제를 다 풀었다면 "우리 영민이가 혼자서도 침착하게 문제를 다 풀다니, 참 대단한데?" 하며 아이를 칭찬한다. **아이가 스스로 하는 것에 익숙해지고 자신이 붙으면 조금씩 단계를 올려본다. 약간의 어려운 문제도 아이는 부모가 칭찬했을 때 좋았던 기분을 살려 조금 더 집중하는 모습을 보일 수 있다.** 그리고 점차 자기 스스로 해냈다는 자부심, 앞으로 더 잘할 수 있다는 자신감 또한 덤으로 얻을 수 있다.

사례

내가 최고! 우월감을 좇는 아이

초등학교 3학년 시후가 학교에서 돌아오자마자 자랑을 늘어놓는다. 운동회 때 학년 대표로 나갈 계주 선수를 뽑는데 자기가 2등을 했다고, 새로 산 운동화만 아니었어도 1등을 했을 거라며 어깨에 잔뜩 힘이 들어갔다. 연신 "어이구 내 새끼" 하며 엉덩이를 두드리는 할머니와 달리 부모는 시후가 잘난 척하는 게 못마땅하다. 너무 "잘한다"고 칭찬하며 키웠더니 작은 일에도 자만해 노력하지 않는 아이가 된 것 같다. 지난번 영어학원에서 레벨 테스트가 있을 때도 공부를 도와주려는 부모에게 "다 안다"며 큰소리치더니 테스트에 떨어졌다. "뭐야, 다 안다고 큰소리쳐놓고 왜 떨어졌어?" 했더니 시후는 "원래 힘든 거래. 다 통과 못 했어"라고 했다. 그때 생각이 나서 화가 치민 주양육자는 불쑥 소리를 친다. "넌 제발 잘난 척 좀 하지 마!"

칭찬은 아이가 긍정적인 자아상을 갖게 하는 데 효과적인 대화법이다. 칭찬의 목적은 아이의 올바른 행동을 강화하고 자존감을 높이는 데 있지, 네가 최고라고 아이를 추켜세우는 것이 아니다. 칭찬하는 것이 좋다고 무턱대고 칭찬을 남발하면 아이는 자기중심적이 되기 쉽다. 또 기대한 만큼 칭찬받지 못하면 좌절감에 빠지게 된다.

시후 부모는 무조건 "어이구 내 새끼" 하며 칭찬하는 할머니의 양육 방식을 지적했다. 물론 무조건적인 칭찬은 바람직하지 못하다. 바람직한 행동에 대한 칭찬과 무엇이든 잘했다며 응석을 받아주는 것은 다르다. 자존감과 자기중심적 행동은 엄연히 별개의 것이기 때문이다. 기죽을까봐 아이가 하자는 대로 들어주는 것, 상황이나 주변 사람을 고려하지 않고 할 말 다 하는 아이를 두고 자기주장이 강하다고 생각하는 것은 자기중심적 행동을 부추길 뿐 자존감을 높이는 데는 별 도움이 되지 않는다.

언제나 잘한다는 말만 들은 아이는 모든 사람들에게 항상 주목받고 특별한 대우를 받기를 원한다. 이런 아이는 다른 사람의 감정을 배려할 줄 모르고, 자신의 이익을 위해 다른 사람을 이용하려는 행동 양상을 보인다. 자신의 의견이 받아들여지지 않을 수 있다는 것, 자신이 틀릴 수 있다는 것을 인정하지 못한다.

하지만 시후의 경우 무조건적인 칭찬보다 결과 중심의 칭찬 방식이 더 큰 문제일지 모른다. **아이가 달리기 결과를 자랑하고 1등을 할 수 있었는데 2등을 해서 아쉬워하는 것, 또 레벨 테스**

트에 통과하지 못한 시후를 나무라는 부모의 태도는 지극히 결과 중심적이다. 칭찬은 결과가 아닌 노력하는 과정에 무게를 두고 해야 한다. 결과만을 놓고 똑똑하다고 칭찬받은 아이는 과정과 노력의 중요성을 배우지 못하며, 실패할 경우 해결책을 찾기보다 자신이 똑똑하지 않기 때문이라고 자책한다. 반면 노력의 과정을 칭찬받은 아이는 어려운 상황을 만나더라도 끈기를 가지고 문제를 해결하며, 실패하더라도 자신의 능력이 아니라 노력이 부족해서라고 생각한다.

아이가 노력한 과정의 행동을 구체적으로 짚어서 칭찬하자. **"어이구, 똑똑하기도 하지"가 아니라 "게임도 안 하고 열심히 하더니 상을 받았구나"가 올바른 칭찬이다.** 결과가 좋지 못하더라도 아이가 노력했다면 칭찬해줘야 하며, 반대로 결과가 좋더라도 과정이 나빴다면 그 일은 훌륭한 일이 아니라는 것을 일깨워줄 필요도 있다.

시후의 경우 레벨 테스트에서 떨어진 결과를 나무랄 것이 아니라 결과에 상관없이 자만에 빠져 노력하지 않은 것을 꾸중하는 것이 옳다. 만약 테스트에 통과했더라도 아이가 노력하지 않은 것을 지켜본 부모는 무조건 기뻐할 것이 아니라 "이번엔 통과했지만 나는 네가 좀 더 열심히 했으면 해" 하고 말할 수 있어야 한다.

이때 부모는 아이의 노력을 이끌어내기 위해 "잘난 척하지 마!" "이 정도 가지고 뭘 잘했다 그래?" 하며 윽박질러서는 안 된다. 자만해서 노력하지 않는 것은 실패에 좌절해서 자신감을 잃는 것만큼이나 위험한 일이 분명하다. 하지만 어린 아이일수록 자신을 긍정적으로 본다는 사실을 상기한다면, 굳이 너보다 잘난 아이가 많다는 것을 알려주며 윽박지를 필요는 없다. 아이는 집단 속에서 경쟁하면서 자기가 달리기를 제일 잘하는 사람이 아니라는 것을 자연스럽게 깨닫고 그에 따라 자존감을 조정하게 된다. 자존감이 높은 아이는 자기보다 뛰어난 사람을 만나도 자신이 무능하다고 생각하지 않고 서로의 능력 차이라는 것을 인식하기 때문이다.

시후가 "다른 아이들도 다 통과 못 했어"라고 말한 것은 자만이라기보다 결과에 대해 비난을 받을까 두려워서 한 변명에 가깝다. 평소 노력한 과정의 행동을 구체적으로 칭찬해주면 아이는 스스로 자신의 위치를 깨닫게 될 것이다. 과정 중심의 구체적인 칭찬은 아이가 어떤 행동이 잘한 것인지 알고 계속 그 행동을 지속하도록 만들기 때문이다.

> **사례**

떼쓰기로 문제를 해결하려는 아이

아홉 살 선아는 학교에서 돌아오기만 하면 떼쟁이가 된다. 부모가 숙제부터 하래도 한 번에 하는 적이 없고, 부모와 같이 학습지를 풀다가 막히면 빨리 가르쳐달라고 짜증만 부린다. 화가 나면 지우개를 던지거나 울어버리는 선아 때문에 주양육자도 짜증이 나기는 마찬가지. 선아가 하기 싫다고 해도 부모가 혼자 힘으로 풀어보라고 다그치면 선아의 행동은 막무가내가 된다. 방 안을 다 어지르고 책꽂이 책을 전부 집어던지고 심하면 밖으로 나가버린다.

학교에서는 선생님 말씀도 잘 듣고 수업 시간에 집중도 잘하는 편이라고 한다. 친구들에게도 '착하다'는 소리를 곧잘 듣는데, 집에만 오면 이렇게 울보 떼쟁이가 되는 것이다. 엄마 말은 전혀 듣지 않지만 자신을 더 무섭게 혼내는 아빠 말에는 고분고분해진다.

아이가 울음과 떼를 동원하는 이유에는 여러 가지가 있다. 우선 자신의 마음에 들지 않는 것이 있을 때, 자신이 하기 싫은 일이 있거나 반대로 너무 하고 싶은 일이 있을 때, 혹은 하고 싶어도 할 수 없을 때 등이다. 하지만 **선아의 떼가 무엇 때문인지 짚어보기 전에 먼저 생각해봐야 할 것이 있다. 우선 선아의 울음과 떼가 과연 제 나이에 맞는 감정조절능력에서 비롯된 것인가** 하는 점이다. 만약 이 부분에 대해 아이에게 정서적 문제가 있고, 아이의 발달 과정에 맞춰 훈육이 이뤄지지 않았다면 아이가 이런 행동을 보이는 원인이 될 수 있다.

아이를 키울 때 부모가 아이 마음을 알아주고, 사랑을 표현하며, 아이가 왜 그것을 해야 하는지 부드럽게 타일러야 할 때도 있지만, 규칙에 순응해야 한다는 것도 가르쳐야 한다. 선아는 규칙에 따라야 한다는 사실을 알고 있다. 학교에서는 선생님 말씀도 잘 듣고 수업 태도도 좋다. 즉 학교에서의 규칙을 잘 이해하고 있고 이것을 지켜야 한다고 생각한다. 하지만 집에 돌아오면 규칙을 지키지 않아도 떼를 쓰거나 울면 모든 것이 다 해결되었다. 엄마를 통한 이런 경험들이 선아가 울거나 떼를 써서 문제를 해결하려는 습관을 갖게 만든 셈이다. 하지만 자신보다 더 완고하고 강력한 힘을 발휘하는 아빠에게는 꼼짝없이 순응하는 모습을 보이기도 한다.

아이가 알고 있는 것과 행동으로 옮기는 것은 아주 다른 문제라는 것을 알아야 한다. 부모는 대개 아이가 무엇이 올바른 행동인지 알면 당연히 그것을 실천할 것이라고 생각하는데 사실은 그렇지 않다. 양육자인 부모가 아는 것과 행동하는 것의 간극을 점점 좁혀주는 역할을 해야 한다. **아이와 부딪히기 싫다고, 아이가 짜증을 부린다고 오냐오냐 하면 가족관계에서 아이는 자신을 받아주는 사람을 계속 이기려고, 즉 이용하려고 든다. 마음으로 할 수 있기 때문에 짜증 내는 대상이 됨을 잊지 말자.**

아이가 감정 조절이 미숙해 벌어지는 문제 행동들에 대해서는 **무반응이 가장 적절한 대처법이다.** 아이가 아무리 울거나 떼를 써도 아무것도 해결되지 않는다는 것을 깨닫게 해줘야 한다. 부모는 선아가 울며 떼쓰고 요구하는 것은 절대로 들어주지 말아야 한다. 이 원칙을 지키기 위해서는 아이 앞에서 이 규칙의 시작을 알리는 것이 중요하다. 자기 요구를 늘 들어주던 부모가 어느 날 갑자기 태도를 바꾸면 아이는 그 상황을 이해하기 힘들어 더 강력한 떼를 쓰게 된다. 새로운 규칙은 아이로 하여금 자기 행동의 결과를 예측할 수 있게 해주고, 더불어 엄마의 돌변한 태도도 받아들일 수 있게 해준다.

하지만 만약 선아의 울음과 떼의 이유가 다른 곳에 있다면? 가령 자신이 할 수 있는 일에 대해서는 고분고분하지만, 스스로 해낼 수 없는 일에 대해 울고불고 떼를 쓰고 있다면 이것은 사정이 다르다. 어려운 과제가 보이면 자신의 힘으로 해결하겠다는 의지가 없이 바로 포기하는 모습. 여기에는 앞에서 이야기해왔던 아이의 자신감을 길러주기 위한 양육법이 필요하다. 쉬운 과제부터 아이가 도전해볼 수 있는 기회를 주고, 성공했을 때에는 칭찬한다. 어느 정도 자신감이 회복되면 예전보다 조금 단계를 높여 과제를 주고 역시 격려를 통해 아이가 자기 혼자 힘으로 끝까지 해낼 수 있도록 유도한다. 자신의 힘으로 노력해 얻은 결과를 선아는 아주 행복하게 만끽하게 될 것이고 오래도록 그 기억을 가슴에 품어 자기 자신을 이끌게 될 것이다.

STEP 4.

부모의 자존감을 보살피기

아이에게 영향을 주는
부모의 자존감

일곱 살 이전에 형성된 아이의 자존감은 전 인생에 걸쳐 영향을 끼친다. 그러나 그 또래의 아이를 키우고 있는 어른이 다시 자존감이 싹트는 시기로 되돌아가기에는 무리가 있다. 어떻게 해야 부모의 상처받은 자존감을 세울 수 있을까? 어린 시절 부모와 주변 사람에게 충분히 인정받고 사랑받고, 칭찬을 들으면서 자랐는지 자신을 되돌아보자. 만약 그렇지 않고 늘 인정받기 위해, 성공하기 위해 전전긍긍했다면 어떤 것이 남들이 다 인정하는 성공인지, 생각해볼 필요가 있다. 자신의 성공을 스스로가 아닌, 남들이 인정해야 한다고 생각하는 것 자체가 바로 자존감이 낮다는 것을 보여주기 때문이다.

자존감이 낮으면 다른 사람과의 관계를 통해 자신을 추켜세우려는 경향을 보이기도 한다. 예를 들어 "내가 유명인 누구와 같이 밥을 먹었다"나 "우리 사촌이 그 방면의 전문가잖아. 그래서 내가 좀 알지" 하는 식의 이야기는 다른 사람의 이름을 빌려 자신의 위치를 높이려는 것이다. 자신의 가치를 인정하기 위해 다른 사람과의 관계에 매달리는 것은 결국 자신의 가치를 또다시 다른 사람의 평가에 의존하는 것이다.

부모 중에는 아이의 성공을 위해 자신의 삶을 포기한 채 모든 정성을 아이에게만 쏟는 경우가 많다.

"내가 너를 위해 어떤 희생을 했는데, 너는 이렇게 내 마음을 몰라주니?"

자기희생적인 부모는 언뜻 바람직한 부모의 상처럼 보이지만, 마음속으로는 희생의 대가를 원한다. 이런 욕구와 불만이 쌓이면 나중에는 허무감만 밀려온다. 마음대로 되지 않는 아이에게 실망하며 오히려 아이를 더욱 닦달하기만 한다. 그것이 자기의 존재를 증명하는 가치인양 말이다. 이는 부모뿐 아니라 아이에게도 나쁜 영향을 미친다.

성공의 기준은 개인마다 다르다. 자존감의 기준도 마찬가지다. 누구에게든 인정받는 자리임에도 스스로 불안해한다면, 그는 자존감이 낮은 사람이다. **낮은 자존감을 가진 부모는 아이들을 통해 자신을 증명하려고 한다.** 아이의 성적을 부모인 자신의 능력을 검증받는 것으로 생각하는 부모들이 많다. 아이를 어릴 때부터 조기교육과 사교육에 내모는 부모의 자존감은, 돈이 있건 없건 그저 그런 수준일지도 모르는 셈이다. 지금까지 자신이 이뤄낸 것들에 대해 만족스럽다는 자기 암시를 해보자. 성공의 기준은 정해진 것이 아니며, 아이의 능력이 자신의 능력도 아닌 것이다. 스스로의 능력을 긍정적으로 생각해야 한다.

자존감이 낮으면 남의 험담도 잘하게 된다. 자신의 처지에 대한 불만이 다른 사람 때문이라고 끊임없이 흉을 보는 것이다. 즉 자신의 상황에 대해 '남 탓'을 하는 것이다. 아이는 이런 부모의 말을 들으며 자신이 부모에게 힘을 주는 사람이 아니라, 부모에게 부담을 더하는 존재라고 느낄지 모른다. 부모에게 보탬이 되지 못한다고 괴로워하며 낮은 자존감을 갖게 될 수도 있다.

자존감을 높이려면 '남 탓' 하는 습관부터 버리도록 한다. 영국 스탠포드셔 대학교 제니퍼 콜 Jennifer Cole **박사 팀은 '남에 대해 좋은 이야기를 많이 하는 사람들은 그렇지 않은 사람들보다 자신에 대한 자존감이 훨씬 높다'는 연구 결과를 밝힌 바 있다.** 자신에게 없는 다른 사람의 바람직한 점을 솔직하게 칭찬하는 것만으로도 자존감이 높아진다는 결과는 긍정적인 생각과 말이 자존감을 높이는 가장 좋은 방법임을 알려준다.

가장 중요한 것으로, 부모로서의 삶뿐만 아니라 '나만의 인생'이 있음을 잊지 말아야 한다. 아이를 키우는 부모도 때론 친구를 만나고 영화를 보러 가기도 해야 한다. 가끔은 아이 간식 챙기는 것을 건너뛰고 외식을 해도 좋다. 하고 싶은 공부나 일을 하면서 자신을 위한 기회를 마련해보자.

자신을 위한 여유 시간을 남겨둔 부모는 자신을 사랑할 줄 알며, 이런 에너지로 아이도 더 깊이 사랑할 수 있다. 또한 자신의 인생에 자신감을 가져야 한다. 인생에는 분명 실수나 실패가 있을 수 있다. 하지만 실수나 몇 번의 실패로 인생이 끝나는 것은 아니다. 자신의 삶을 긍정적으로 바라보는 것도 필요하다. 아이가 부모의 직업을 부끄러워한다면, 이것은 부모가 자신의 직업에 대해 부끄러워하기 때문이다.

최선을 다한 부모 밑에서 자란 아이는 부모를 존경한다. 직업의 종류가 아니라, 최선을 다한 부모의 모습을 바라보며 배웠기 때문이다.

✳ ✳ ✳
부모는 최고의 인생 모델

남다른 리더십을 발휘하거나 역사에 남는 위인들 이야기를 듣다 보면 그들을 지지하고 이끌어주는 부모의 모습을 어렵지 않게 찾을 수 있다. 가장 존경하는 사람으로 자신의 부모를 꼽는 위인들도 많다.

유명한 심리학자 프로이트 Sigmund Freud**나 에릭슨**Erik H. Erikson **은 가정에서 부모 자녀의 관계가 가장 밀접하고 한 개인의 성격과 행동양식의 형성 과정에서 중요한 의미를 지닌다고 주장한다.**

부모는 아이의 미래를 결정짓는 가장 중요한 사람이다. 아이는 부모의 모습을 학습하며 자신의 미래를 그려나간다. 아내를 학대하는 아버지 밑에서 자란 사람이 커서 자신도 똑같은 모습을 반복하는 이유는 어릴 때 아버지의 모습에서 배운 것이 그런 모습뿐이기 때문이다.

심리학자 앨버트 반듀라 Albert Bandura**는 다른 사람이 행동하고**

경험하는 것들을 보다보면 자신도 이에 영향을 받아 학습하며, 행동에 영향을 미친다고 했다. 이것을 모델링 학습법이라고 하는데, 모델은 자신과 가까운 사람일 수도 있고 TV와 같은 미디어에서 보는 장면일 수도 있으며 좋아하거나 존경하는 사람일 수도 있다.

무엇보다 아이가 가장 가깝게 대하는 사람은 부모이다. 그러므로 **부모는 아이의 첫 학습 모델이 된다.** 특히 부모는 아이의 인지 능력과 사회성을 키워나가는 과정에서 제일 먼저 영향을 주는 사람이다. 부모는 아이의 가장 가까운 혈연이면서 더불어 삶의 첫 모델이 된다. 부모의 성격이나 가치관, 가정의 분위기 등은 그대로 아이들에게 영향을 미쳐 가치관과 성격 형성, 인지 능력, 정서적 능력, 성격 등에 중대한 영향을 미친다. 그러므로 부모는 자신의 모습이 아이가 모델을 삼을 정도로 올바른지 스스로를 점검해볼 필요가 있다.

위인들의 부모는 결코 많이 배우거나, 돈이 많은 사람이 아니었다. 하지만 그들에게는 공통점이 있었다. 아이에게 모범을 보였다는 것이다. 책을 많이 읽게 만들고 싶은 부모는 스스로 책을 잡았다. 설혹 글을 읽지 못해도 아이의 독서시간을 정해놓고 책을 손에서 떨어뜨리지 않았다.

미국의 유명한 소아신경외과 의사인 벤 카슨Ben Carson의 어머니는 혼자서 두 아들을 키워야 했다. 하루 종일 일하느라 혼자서 놀게 했던 아이들은 점점 더 나쁜 길로 빠졌다. 흑인 빈민가에서 자라야 했던 아들들에게 어머니는 새로운 꿈을 보여주고 싶었다. 그녀는 아이들에게 숙제를 내줬다. 하루에 한 시간 책을 읽으라는 숙제였다. 책을 읽지 않으면 텔레비전을 볼 수 없었다. 그리고 그녀도 아이들 옆에서 책을 읽었다. 벤 카슨은 나중에야 어머니가 글을 모른다는 것을 알았다. 하지만 그녀의 이런 열의는 문제아였던 아들을 흑인 최초로 존스홉킨스대학병원의 소아과장으로 만들어냈다.

아이가 늘 책상 앞에 앉아 자연스럽게 공부하게 만드는 방법은 부모가 그 모습을 보여주는 것이다. 아이가 공부를 안 한다고 잔소리를 한 후에 정작 부모는 거실에서 텔레비전을 본다거나 컴퓨터 게임만 한다면 아이는 얼마 지나지 않아 부당함을 부모에게 조목조목 따질지도 모른다.

"엄마, 아빠도 공부하지 않잖아요. 엄마, 아빠도 책을 읽지 않잖아요."

아이는 자신이 부당하다고 느낄수록 더 심하게 반발한다. 모범을 보이지 않는 부모의 말은 그것이 아무리 진실하다고 하더라도 아이에게 인정받을 수 없다. 물론 부모도 사람이기 때문에 모든 부분에 모범을 보일 수는 없다. 하지만 어느 한 가지에서

만은 아이가 인정할 정도로 성실하고 최선을 다하는 모습을 보이는 것이 중요하다. 아이는 그런 부모의 모습을 은연중에 배워가며, 자신의 삶을 주체적으로 꾸려나갈 힘을 얻는다.

부모의 행동은 아이의 거울이자 교과서이다. 좋은 부모가 되기 위해서는 부모가 먼저 올바른 가치관을 갖고 있어야 한다. 내 아이만 최고라는 생각으로 양육을 하는 것이 아니라, 세상을 살아나가는 바른 원칙을 갖고 있어야 한다. **자존감이 높은 아이들은 자신의 부모에 대해 자랑스럽게 여기고, 스스로 부모의 모습을 본받고 싶어 한다.** 지위나 재산 때문이 아니었다. 이것이 무엇보다도 부모가 먼저 올바른 가치관을 가져야 할 이유이고, 가정을 꾸려갈 규칙이 필요한 이유이다.

***
아이에게 적용하면 안 되는 부모의 실패

많은 부모들이 자신이 못 이룬 꿈을 아이를 통해 대신 성취하려고 한다. 낮은 지위에 있는 사람은 더 높은 지위를 아이를 통해 성취하려고 하고, 높은 지위에 있는 사람은 그보다 더 높은 지위를 아이에게 주고 싶어 한다. 누구나 다 인정하는 성공의 자리에 올랐어도 스스로 만족하지 못하는 부모도 있다. 아이에게 자신이 걸어온 길 말고 또 다른 성공의 길이 있을 것이라며 반대편 쪽을 손가락으로 가리키기도 한다.

대부분의 부모는 아이가 자신보다 더 나은 삶을 살기를 바란다. 물론 부모가 자녀가 잘되기를 바라는 마음을 갖는 것은 당연하다. 하지만 그 이유가 **자신이 실패했기 때문에 내 아이만은 똑같은 실패를 되풀이하게 만들고 싶지 않다는 마음이라면, 혹시 자신의 욕심으로 아이의 미래를 재단하고 있는 것은 아닌지 되돌아봐야 한다.** 오히려 사회에서 번듯한 직업을 가진 부모조차 자신은 더 올라가야 하고, 더 성공할 수 있었다고 믿으며 현재의 삶에 만족하지 못하는 경우가 많다.

자신이 실패했다고 생각하는 부모는 자존감이 낮은 부모이다. 낮은 자존감은 실제로 사업에 실패하거나 경제적으로 궁핍하다고 만들어지는 것이 아니다. 자존감이 높은 부모는 역경 속에서 더욱 빛을 발한다. 무너지지 않고 가정을 지키기 위해 더욱 노력한다. 그리고 현재 자신의 모습에 감사하며, 가족과 친구들에 만족한다.

부모의 자존감이 낮았을 때 가장 커다란 문제는, 내 아이에게도 부모의 낮은 자존감이 전해진다는 사실이다. '낮은 자존감의 대물림'은, 눈에 드러나지는 않지만 가장 먼저 시급하게 꺼야 할 불씨와 같다. 부모교육 전문가들이 부모들을 교육할 때 가장 중요하게 살피는 것이 '원가족'의 영향이라고 한다. 원가족은 '원래 가족'이라는 뜻으로, 가령 남편의 원가족이라면, 지금 현재의 배우자와 아이들로 구성된 가족이 아니라, 남편이 결혼하기 전 자신의 부모와 형제자매로 구성된 가족을 말한다. 즉 자라온 가정환경의 의미로 쓰일 수 있다.

올바른 부모 역할을 하기 위해서는 부모 자신이 어릴 때 자라난 가정환경(원가족)에 대해 스스로 되돌아봐야 한다. 이 시기에 부모에게 칭찬받지 못하고 늘 능력 이상의 목표를 요구받거나 반대로 늘 무관심한 부모 밑에서 자라게 되면 자존감이 낮은 성인으로 성장한다. **심리학자 존 보울비는 사람은 어린 시절 경험했던 부모의 양육 태도를 자신의 자녀에게 그대로 반복하여 수행하는 경향이 있다고 했다.**

그렇다면 자존감이 낮은 부모가 자녀를 양육할 때 보이는 문제들에는 어떤 것들이 있을까?

부모는 아이의 모습에서 자신을 본다. 문제는 자신의 어린 시절과 똑같은 약점을 찾게 되면 이를 자꾸 고치려고 한다는 점이다. 그런데 '내가 그랬으니, 너도 그럴 것이다'라는 예측은 금물이다. 아이는 부모인 나와는 다른 사람이기 때문이다. 오히려 아이와 자신을 동일시하는 부모의 생각과 태도가 아이에게 자신과 똑같은 실패를 겪게 만드는 원인이 될 수 있다.

겉으로는 멀쩡하고 사회적 저명인사처럼 보여도 집에서는 폭군으로 군림하는 사람을 보면 어릴 때 올바른 자존감 형성에 방해받았음을 알 수 있다고 한다. 낮은 자존감을 가진 부모는 자녀를 거칠게 학대한다고 한다. 단순히 때리는 것만 학대가 아니다. 자신의 의견을 말하려는 아이를 무섭게 제지하거나, 아이의 발언을 아무것도 아닌 양 무시하는 것 또한 아이의 자존감에 상처를 주는 학대이다. 이런 부모 밑에서 자란 자녀는 자라서 문제행동과 비행행동, 심리적 불안정, 친구와 원만치 못한 관계, 학업 포기, 약물 남용 등의 위험 상황에 빠질 위험이 높다고 한다. **심리학자 다이애나 바움린드는 부모의 신체적 체벌은 아이가 바깥으로 드러내는 문제 행동과 깊은 관계가 있고, 무관심한 부모 밑에서 자란 아이는 사회적 자신감, 학업성취, 심리적 적응도 측면에서 낮은 점수를 보이고 있다고 했다.** 특히 무관심한 부모가 아이에게 미치는 부정적인 영향은 시간이 지날수록 더욱 증가되는 것으로 나타났다.

아이의 자존감을 키워주는 데 경제적인 풍족함만 있으면 된다고 오해해서는 안 된다. 애정을 갈구하는 아이에게 바쁘다는 핑계로 부모의 사랑 대신 물질로 모든 것을 해결해서는 안 된다. 이런 환경에서 자란 아이 또한 가정 내에서 자신의 위치를 찾지 못한 채 낮은 자존감을 가진 어른으로 자라날 수 있다. 반면 심리적으로 건강하고 성숙한 부모는 아이의 발달을 촉진하는 양육 환경을 제공한다. 자존감이 높은 부모는 아이들에게 온정적이고 수용적인 양육 태도를 보이며, 자신이 하고 있는 부모 역할에 만족한다. 또한 아이와 보다 효과적인 방법으로 대화하며, 갈등상황에서도 잘 해결해 나간다. 자신에게 만족하고 있는 사람은 타인의 모습도 객관적으로 수용할 줄 안다. **아이의 자존감을 높여주기 위해 자신의 양육 태도를 점검해보고자 한다면, 우선 부모 자신의 자존감은 어떤지 스스로 체크하고 돌아볼 필요가 있다.**

〈부모의 자존감을 돌아보는 질문〉

· 나는 어릴 때 부모에게 학대를 받지 않았나?

· 나의 부모는 필요 이상으로 엄격하지 않았나?

· 부모에게 자신의 생각을 편하게 이야기할 수 있는 환경이었나?

· 나는 충분히 사랑받았나?

만약 이 질문에서 어릴 때 상처가 떠오른다면 자신도 모르는 사이 부모와 제대로 애착을 이루지 못한 채 자존감에 상처를 입었을 수 있다. 그렇다면 이때는 **부모 자신의 상처받은 자존감을 다시 세우는 시간과 노력이 필요**하다.

대물림되는 양육 방식

　자존감에 대해서 알게 된 이상, 아이가 몇 살이든, 자존감의 상태가 어느 정도이든 '자존감 회복'을 포기할 수 없다. 그것은 자존감이 아이의 신체상이나 자아상을 긍정적으로 만들어주고, 공감 능력을 높여주며, 성취도를 높여 궁극적으로 아이에게 성공을 가져다주는 수많은 긍정적 이유 때문만도 아니다. 우리가 아이의 자존감 회복에 관심을 갖는 것은 그것이 아이의 행복과 밀접한 관련이 있기 때문이다.

　〈아이의 사생활〉 방송에 소개되지 않았지만 제작팀이 진행한 자존감이 높은 아이와 자존감이 낮은 아이 인터뷰 중 가장 가슴이 아팠던 것은 "지금 행복한가요?"라는 질문에 자존감이 낮은 아이는 "아니오"라고 하거나 대답을 회피했다는 사실이다. 그 아이들의 나이는 이제 고작 11~12세 정도였다.

　어떤 부모도 내 아이가 자존감이 낮기를 원하지 않는다. 때문에 TV 자녀 교육프로그램을 빠지지 않고 보고, 자녀 교육서도 아이의 성장에 맞춰 열심히 읽는다. 또한 의문이 들 때마다 인터넷을 뒤져서라도 그 답을 찾아내려고 한다.

그런데 그렇게 노력을 하는데도 왜 부모 뜻대로 되지 않는 것일까? 어찌 보면 바로 부모 자신이 과거에 그렇게 양육되었기 때문일지 모른다.

"저는 엄마한테 제대로 도움을 받은 적이 없어요. 제가 다 알아서 했어요"라고 자신의 과거를 회상하는 엄마는 자신의 아이는 자신과 같은 어려움 없이 키워야지, 하고 다짐한다.

그런데 문득 뒤돌아보면 자신이 그토록 싫어했던 그 방식대로 자신의 아이를 키우고 있는 것을 발견한다. **부모의 아동기 양육 경험은 자신의 아이를 양육하는 데 100% 영향을 끼친다.** 그리고 그 양육 경험이 좌우하는 자존감 또한 아이에게 그대로 대물림된다.

여기서 이야기하고 싶은 것은, **아이의 자존감을 키우기 위해서는 부모의 자존감부터 점검하고 스스로 잘할 수 있다는 자신감을 회복해야 한다**는 것이다. 내 아이의 자존감에 관심을 기울이고 노력하는 것은 이미 마음가짐에 있어 좋은 부모의 자질을 터득하고 있는 셈이다. 자신의 양육 태도를 치밀하게 분석하고, 양육 방식에 문제가 발견되면 곧바로 적극적인 자세로 바꿔보

자. 아이가 잘못된 문제 행동을 고치기 위해서 노력하듯 말이다. 아이의 자존감은 얼마든지 달라질 수 있으며, 그것은 전적으로 부모에게 달려 있다는 것을 잊지 말자.

✲ ✲ ✲
부모가 변할 때 함께 변화하는
아이의 자존감

〈지붕 뚫고 하이킥〉이라는 시트콤을 기억하는가. 깜찍한 연기로 시선을 사로잡았던 두 아역 해리와 신애. 해리는 신애의 언니가 가정부로 일하고 있는 부유한 집의 외동딸이었다. 그 탓에 해리는 신애를 무시하기 일쑤이고, 어른들에게도 당돌하게 대들고, 갖고 싶은 물건은 어떻게 해서라도 가져야 직성이 풀렸다. 과연 해리와 신애 중 누구의 자존감이 더 낮을까.

사실 해리는 바쁜 부모님, 수험생인 오빠 때문에 제대로 관심을 받지 못해 자존감이 낮았고 이것을 보상받기 위해 겉으로는 거칠고 이기적인 아이의 모습을 보였던 것이다. 반면 신애는 언니와 남의 집 셋방살이를 하지만 자신의 일을 꿋꿋하게 해나가며 속 깊은 모습을 보인다. 자신을 인정하고 진정으로 사랑해주는 언니를 통해 높은 자존감을 키웠기 때문이다. 만약 내 아이가 물질에 과도하게 집착한다면 야단을 치거나 달래기보다는 자존감을 높여주는 것이 근본적인 처방이 될 수 있다.

우리가 이 책을 준비하면서 접한 이야기가 하나 있다. 따뜻한 판결로 세상을 울린 일화다. 피고인은 아직 채 성년이 되지 않은 소녀였다. 절도 혐의로 법정에 선 소녀에게 판사는 무거운 처벌 대신 다른 해결책을 주었다. 그 이유는 소녀의 사정 때문이었다. 소녀는 밝고 활기찬 학생이었으나, 작년에 당한 집단 폭행으로 그만 스스로에 대한 자괴감에 휩싸여 문제 행동을 일삼게 되었던 것이다. 판사는 소녀에게 이렇게 말하게 했다.

"자, 나를 따라서 힘차게 외쳐봐. 나는 세상에서 가장 멋지게 생겼다!" 예상치 못한 판사의 요구에 소녀는 머뭇거리며 "나는 세상에서……"라고 말하다 말끝을 흐렸다. 그러자 판사는 "크게 다시 따라 하라"고 주문했다.

"나는 무엇이든지 할 수 있다. 나는 이 세상에 두려울 게 없다. 이 세상에서 나 혼자가 아니다."

판사의 말을 따라 하던 소녀는 '이 세상에서 나 혼자가 아니다'라는 말에서 끝내 눈물을 보이고 말았다. 담당 판사는 소녀의 잘못이라면 자존감을 잃어버린 것뿐이라며 선처를 베풀었다. 집단 폭행으로 인해 상담까지 받은 소녀는 세상을 대하는 힘을 잃어버렸다. 하지만 아이의 고민을 제대로 받아주고 따뜻하게 안아주는 사람이 없어 결국 나쁜 길로 빠지고 말았던 것이다. 이 판사의 판결은 많은 부모들에게 시사점을 준다.

부모는 아이의 문제를 그저 자신의 잣대로만 판단하고 해결하려고 한다. 하지만 실제 아이의 입장에서 바라보면, 그것은 아이의 두려움과 고통이 탈출구를 얻지 못해 잘못 발현된 결과일 수 있다. 이렇듯 아이의 낮은 자존감을 다시 키워주기 위해서는 무엇보다도 부모의 양육 태도가 변화되어야 한다.

우선 아이가 스스로를 긍정적으로 생각하게 도와줘야 한다.
자존감이 낮은 아이는 부모가 과제를 내주었을 때, "나는 못해" "내가 어떻게 해" "대신 해줘" 하며 자신의 능력을 과소평가한다. 부모는 인내심을 갖고 아이가 스스로 해낼 수 있도록 도와주려고 노력해야 한다. 처음부터 너무 커다란 목표가 주어지면 아이는 시도하다 지쳐 포기하기 쉽다. 이때는 아이가 쉽게 성취할 수 있는 작은 과제를 부여하는 것이 좋다. 예를 들어 '하루에 부모님의 심부름 세 번 하기' '학교에서 하루 한 번 친구들에게 도움을 주기' 같은 목표를 정해주자. 아이가 해냈을 때는 충분히 칭찬해주고, 목표가 어느 정도 쌓이면 작은 상을 주어 의욕을 북돋아준다.

부모도 반드시 하루에 한 번 이상 아이를 칭찬해준다. 스스로를 긍정적으로 생각하게 만들기 위해서는 주변 사람들로부터 긍정적인 반응을 많이 받아야 한다. 조건을 단 칭찬이 아닌, 아이의 행동에 대해 진심으로 칭찬을 해주어야 한다. **"너는 정말 환**

하게 웃는구나. 멋진 아이야"처럼 아이의 모습을 칭찬해주는 것도 좋다. 꼭 공부에 대한 칭찬, 올바른 행동에 대한 칭찬만 해주어야 하는 것은 아니다. 아이가 자신의 신체에 대해 자신감을 갖도록 해주는 것도, 자신의 표정에 자신감을 갖게 해주는 것도 자존감 회복에 중요한 방법이다.

✳ ✳ ✳

자존감 낮은 부모를 위한
열 가지 양육 원칙

다음 열 가지 항목은, 아이의 자존감을 높이기 위해 부모가 가져야 할 양육 태도이다. **지금도 늦지 않았다.** 내 아이가 높은 자존감을 가지고 행복할 수 있도록 실천해보자.

1. 부모와 아이가 좋은 관계를 형성한다

아이에게 지시하거나 훈육하기 전에 먼저 좋은 관계를 만드는 것이 중요하다. 하루 종일 관심을 보이지 않다가 갑자기 아이의 잘못을 지적한다면 아이는 반항하거나, 반대로 부모의 꾸지람에 자신감을 잃는다. 하루 10분이라도 아이만을 위한 놀이를 해주는 것이 중요하다. 시간이 바쁜 아버지라면 책 읽어주는 10분을 아이와 교감을 나누는 시간으로 만들어도 좋다.

2. 스킨십을 많이 해준다

말로만 하는 것으로는 모자라다. 아이에게 긍정적인 언어 표현 외에도 늘 밝은 얼굴로 대하고, 자주 안아주는 등 스킨십을 충분히 해준다. 아이는 부모의 스킨십을 통해 자신이 소중한 존재라는 것을 느낀다.

3. 완벽함을 요구하지 말자

아이를 부모가 원하는 사람으로 만들려는 욕심을 버려야 한다. 아무리 열심히 해도 끝없이 요구받는다면 아이도 지치고 질린다. 최고의 결과를 요구하기보다는 최선을 다하는 기쁨을 알려주도록 노력한다. 노력하면 도달할 수 있는 목표를 세우고, 그것을 성취하면 인정해주는 것이 자존감을 높여주는 방법이다.

4. 잘하는 것을 북돋아준다

부모는 아이의 장점보다 단점을 더 많이 지적한다. 그 이유는 단점만 개선되면 아이가 더 나아질 수 있다고 생각하기 때문이다. 하지만 늘 단점만 지적받은 아이는 자존감이 낮아진다. 누구나 최소한 한 가지는 잘하는 것이 있다. 아이가 스스로 자신이 잘하는 것이 무엇인지 찾을 수 있도록 해준다. 공부 외에도 운동이나 착한 행동 등도 아이의 장점이라는 것을 잊지 말자.

5. 80:20의 규칙을 실천한다

20%의 잘못된 행동을 야단치기보다 80%의 잘하는 행동을 무시하지 말고 칭찬해주자. 단점을 짚어내면 아이의 잘못된 행동은 점점 더 커지고 장점을 칭찬하면 아이의 잘못된 행동이 오히려 점점 더 줄어든다.

6. 1:5의 칭찬 규칙을 적용한다

칭찬과 처벌의 균형을 맞춘다. 한 번 야단치기 전에 다섯 번 칭찬하는 것이 좋다. 부모에게 계속 야단을 맞는 아이는 자신의 잘못을 인정하기보다는 부모에 대한 적개심만 쌓는다. 잘하는 행동을 많이 칭찬할수록 아이는 마음에 여유가 생겨 잘못을 지적받았을 때도 그것을 수긍하며 인정한다.

7. 스스로 생각하고 행동할 수 있게 도와준다

아이 스스로 감정, 사고, 행동의 소유자가 되어야 한다. 자신의 인생에서 주인이 되어 자신의 일은 스스로 하고 그 일에 책임을 질 수 있게 도와야 한다. 부모는 아이가 어릴 때부터 조금씩 자기 일을 자율적으로 하게 해준다.

8. 다양하게 생각하고 미리 결과를 예측하게 해본다

아동을 대신해서 결정을 내려주기보다는 아동 스스로 옳은 결정에 이르도록 도와준다. 당장은 부모가 결정을 내려주는 것이 편리하고 실수도 줄이겠지만, 어려운 일을 스스로 해낼 수 있는 능력을 키워주어야 자존감도 높아진다. 이를 위해 다양하게 생각하고 결과를 미리 생각해보는 것을 가르친다.

9. 아이의 실수를 비난하지 말아라

중요한 것은 다음에 똑같은 실수를 하지 않도록 가르치는 것이다. 비난과 교육을 구별해야 한다. 잘못했을 때 비난하는 것은 자존감을 키우는 데 최대의 적이다. 잘못은 누구나 저지를 수 있다. 이때는 아이의 행동을 비난하기보다는, 결과에 대한 교육적인 지적을 통해 실수로부터 더 많은 것을 배우게 해야 한다.

10. 아이 자신에게 긍정 메시지를 보내게 한다

아이가 스스로에게 긍정적인 메시지를 보내도록 돕는다. 자존감을 높이기 위해서는 다른 사람들로부터의 인정과 사랑도 필요하지만, 자기 스스로의 인정도 필요하다. 스스로에게 칭찬해주는 것을 가르치자. "내가 해냈어" "난 할 수 있어" 식의 자기 인정은 아이의 자존감을 키워준다. 반대로 "나는 못해" 같은 말은 절대로 하지 않게 만든다. 아이가 힘들어하면 포기하지 않도록 도와주는 것이 필요하다. "어렵겠지만, 열심히 하면 잘할 수 있을 거야"라고 용기를 주고, 아이가 노력한 후 얻은 결과에는 부모의 기대에 못 미친다 하더라도 진심으로 칭찬해준다.

부모의 자존감을 올리는 아홉 가지 원칙

아이는 저마다 다르다. 같은 상황 속에서도 어떤 아이는 문제 행동을 보이고, 또 다른 아이는 별다른 행동을 하지 않는다. 세상의 모든 아이는 세상에 딱 하나뿐인, 특별한 존재이다. 그 때문인지 가끔은 보편적인 양육법이 내 아이에게 잘 맞을까 고민될 때가 있다. 그래도 이것만큼은 아이를 위해 꼭 지키자는 양육 원칙의 기본 10가지, 원광아동상담센터 이영애 박사의 제안을 들어보자.

1. 아이가 성장하는 만큼 부모도 함께 성장해야 한다

아이가 태어날 때부터 '와, 나는 근사한 아이야!' '이 세상은 너무나도 안전하고 멋진걸?' '반드시 모든 사람은 나를 사랑할 거야' 라는 믿음을 갖는 건 아니다. 처음 태어날 때에 아이는 부모 몸에서 분리되어서 불안한 상태이지만 부모가 안정된 애착을 형성해주고 사랑의 눈길로 쳐다봐주고, 아직 말도 못하고 움직이지 못하는 아이가 요구하는 생물학적 필요에 적극적으로 반응해주는 것을 통해 '아, 나는 안전하구나'라는 믿음을 가지게 된다.

이런 믿음을 기반으로 해서 아이는 만 2세가 되면서부터 점점 자존감이라는 개념이 인생 속에 자리잡게 된다. 이때 아이들은 대소변 훈련, 걷기, 말하기 등이 발달하면서 점점 스스로 해나가는 것들이 많아지게 된다. 이 시기에는 부모가 아이의 자율성을 잘 이해하고 존중해주는 것을 통해, 더 나아가 만 6세가 될 때까지 주도적으로 일을 계획하고 스스로 실패하고 성취해나가는 경험을 보장해주는 것을 통해, 아이의 자존감이 점점 그 뿌리를 내리게 된다. 이처럼 아이는 자신의 발달 과정을 잘 격려하고 방해하지 않는 부모의 태도를 통해 '나는 정말 소중한 존재구나'라고 느끼게 되는 것이다. 아이만 성장하고 부모는 계속 제자리에 있으면 아이는 자신이 존중받지 못하고 있다는 확신을 가지게 된다. 아이의 자존감을 키워주고 싶다면, 아이의 성장 속도에 맞춰서 부모의 역할 역시 성장하고 발전해야 한다.

2. 아이와 제대로 놀아주어라

아이에게 자신을 있는 그대로 받아들여주고 존중해주고 있다는 느낌을 강력하게 주는 것이 바로 놀이이다. 새가 노래하고 물고기가 헤엄치는 것과 마찬가지로 아이들은 놀이를 한다. 그만큼 놀이는 아이에게 자연스럽고 일상적인 일이다. 또한 놀이를 통한 즐거움은 관계를 촉진시키고 긴장을 이완시켜서 편안하게 자기 노출을 할 수 있도록 한다. 그렇기 때문에 부모와 아이가 함께 신나게 웃을 수 있는 활동을 하는 것은 아이와 부모 모두에게 큰 도움이 된다. 그런데 막상 부모와 아이가 놀이하고 있는 장면을 잘 관찰해보면 제대로 놀아주지 않는 경우가 많다. 만일 아이와 놀이를 한다면 놀이의 주인은 바로 아이라는 것을 잊지 말고 아이가 원하고 하고 싶은 대로 놀이를 해야 한다. 부모가 답답하다고 해서 내용을 만들어주거나 놀잇감에 먼저 손을 대서 이끌려고 해서는 안 된다. 또 놀이 시간마저도 교육의 시간으로 만들어서 끊임없이 "이건 무슨 색깔이야?"식의 질문을 하는 것도 바람직하지 않다. 아이와 제대로 놀아주는 것만으로도 아이들의 자존감은 향상될 수 있다.

3. 칭찬보다는 격려를 더 많이 해주어라

아이의 자존감을 향상시키기 위해 가장 먼저 하는 것이 바로 칭찬이다. "우와" "이야" 식의 의성어를 잔뜩 넣어서 아이가 해낸 결과에 대해 칭찬을 하면 아이의 자존감이 높아질 것 같다. 하지만 사실 이렇게 결과에만 초점을 둔 칭찬은 아이에게 '잘해야 사랑받고 살아남을 수 있다'는 부담감을 줄 수 있다. 그러나 격려는 다르다. 결과에 초점을 둔 칭찬과는 달리 격려는 해내고 있는 과정에 초점을 두고 있기 때문에, 아이가 못하고 실패한 부분에 대해서도 얼마든지 해줄 수 있기 때문이다. 이를 통해 아이들은 자신이 충분히 가치 있는 사람이고, 뭔가 열심히 하려는 모습에 스스로 호감을 가질 수 있게 만들 수 있다.

4. 안전하게 자기표현을 할 수 있도록 기회를 주어라

아이가 느끼고 표현하는 감정에는 긍정적인 것만 있는 것이 아니라 부정적인 것도 있다. 이때 부모님께서 아이가 표현하는 부정적인 감정도 수용해줄 때, 아이는 자신에 대한 확신감을 가질 수 있다. 즉 화나고 속상하고 떼 부리고 싶은 마음 자체를 받아주면 자신의 감정에 대해 억압하지 않고 자신을 편안하게 표현할 수 있게 된다. 특히 이것은 인생의 1차 반항기인 만 2세 때와 2차 반항기인 사춘기 때 더욱 필요하다. 이 시기에는 부정적인 표현이 수용되어지는 만큼 아이는 자신이 사랑받고 존중받고 있다는 느낌을 갖게 된다.

5. 감정은 수용해주지만 부적절한 행동은 제한하라

아이가 자신에 대한 내적 확신감을 가질 수 있도록 아이의 감정을 수용해주는 것은 반드시 필요하다. 그러나 이것이 아이의 부적절한 행동까지 다 봐주라는 의미는 결코 아니다. 아이의 모든 행동을 허용하게 되면 아이는 오히려 자기 조절을 경험할 수 있는 기회를 상실하게 된다.

되는 것과 되지 않는 것을 잘 훈육해주는 부모의 태도를 통해 비록 '안 되는 것도 있지만 여기까지는 조금 어려워도 해낼 수 있겠다'라고 자신의 능력에 대해 확신하게 된다.

그러므로 건강한 자존감의 발달을 위해서는 먼저 감정에 대해 반영하고, 그다음 안 되는 이유에 대해 간단히 설명해준다. 마지막으로 대안행동을 제시하는 것과 같은 방법으로 아이의 행동을 제한하는 것이 필요하다.

6. 수많은 실패 경험을 기쁘게 받아들이도록 도와라

수많은 실패를 해야 진짜 성공할 수 있다. 부모는 성공이 아닌 실패를 더 귀하게 여겨주어야 한다. 실패를 격려하는 부모의 태도를 통해 아이들은 '나는 잘할 수 있어. 그렇지만 만약 실패한다 해서 내가 형편없는 아이가 되는 것은 아니야. 우리 눈을 봐봐. 내가 실패해도 우리는 그것을 책망하거나 나를 거부하지 않잖아? 오히려 더 따뜻한 눈길로 나를 격려하고 있잖아. 그러니 나도 이런 내가 마음에 들어'라고 생각하게 된다.

7. 욕심을 줄이고 성공 경험을 늘려주어라

자존감이 높아지려면 욕심을 줄이고 성공 경험을 늘려주어야 한다. 욕심을 줄이면 당연히 성공 경험은 많아질 수밖에 없다. 너무 허황되고 큰 목표가 아닌 세부적인 목표를 세우게 하고 이것을 현실적으로 하나씩 성공해가는 경험을 통해 자존감이 향상될 수 있다. 아이는 이 경험을 기반으로 해서 더 큰 목표도 현실적으로 이루어나갈 수 있게 된다.

8. 아이가 가지고 있는 장점을 잘 찾아주어라

아이에게는 일반 지능검사로는 발견할 수 없는 다양한 능력들이 숨어 있다. 논리, 수학, 언어 영역에서만 아이의 인지 능력을 평가하는 지금의 교육 흐름과 반대로, 다양한 영역의 인지 능력을 제시하고 있는 것이 바로 다중지능이다.

다중지능에는 논리수학지능, 언어지능, 공간지능, 음악지능, 신체운동지능, 자기이해지능, 대인관계지능, 자연친화지능의 8가지 영역이 포함되어 있다. 단지 몇 가지 능력만으로 아이의 능력을 한정시켜서는 안 된다. 먼저 아이가 잘하고 있는 부분,

무언가 열심히 집중하고 있는 부분을 격려하고 개발시켜준다면 아이는 자신이 잘하지 못하는 부분에서도 능력을 발휘할 수 있게 된다. 이런 부모의 시선을 통해 아이는 자신의 장점을 찾아가고 발달시키면서 자존감이 더욱 건강하게 발달한다.

9. 상황에 맞는 적절한 대화 방법을 사용하라

건강한 자존감이 형성된 아이들은 나의 감정뿐 아니라 다른 사람의 감정도 잘 알아차리게 되고, 이에 맞춰서 자신의 행동을 적절히 조절할 수 있다. 이를 위해 상황에 맞는 적절한 대화 방법이 필요하다. 만약 아이가 화난 상태라면 아이의 마음을 잘 이해해주는 '반영적 경청'을 해주어야 하지만, 만일 부모가 화가 나서 부모의 마음을 잘 전해야 하는 상태라면 '나-전달법'을 통해 부모의 상황과 고쳐야 할 행동에 대해 알려주어야 한다. 이런 과정을 통해 아이는 나의 마음도 이해받고 남의 마음도 이해하면서 어떻게 행동해야 하는지 알 수 있게 된다. 이런 대화법을 통해 아이는 자신에 대한 가치감과 호감도 보장받을 수 있고, 다른 사람과 좋은 관계를 유지할 수 있다는 유능감도 보장받을 수 있게 된다.

10. 다른 사람의 감정을 잘 인식할 수 있도록 도와주어라

나의 감정을 인식하고, 조절하고, 자신에 대한 동기를 부여할 수 있게 되면 아이는 그 다음 단계로 타인의 감정을 충분히 인식할 수 있게 된다. 이때 타인의 감정을 좀 더 잘 인식할 수 있게 하려면 부모는 아이들에게 자신을 살아 있는 교과서로 보여주는 것이 필요하다. 이를 위해 부모들은 일상생활에서 느껴지는 감정에 대해 아이 앞에서 짧고 적절한 말로 표현해준다. 아이와의 관계에서 느껴지는 마음을 말로 표현하는 것, 아이 앞에서 부부 간에 말로 문제를 해결하고 마음을 나누는 장면을 노출시켜주는 것이 필요하다. 이런 과정을 통해 아이는 다른 사람을 이해할 수 있게 되고, 다른 사람을 격려할 수 있게 되며, 다양성을 인정할 수 있게 된다. 이 과정은 아이에게 건강한 자존감을 만들고 유지시킬 수 있도록 돕게 될 것이다.

✳ ✳ ✳

아이의 자존감을 높이는 가정의 특징

아이의 자존감은 부모로부터 대물림될 수 있다는 것은 누구이 들어왔다. 부모의 자존감은 무엇보다 어릴 때 자신의 부모로부터 받은 영향이 크다. 더불어 지금 가정을 꾸린 배우자와의 관계 역시 중요한 역할을 한다. **화목한 가정, 다정한 부부관계는 서로의 자존감은 물론 자녀의 자존감도 높일 수 있음을 명심하자.**

엄마 아빠가 매일 부부싸움을 하고, 서로를 힐난하는 말투를 일삼고 있다면 아이는 어떤 상황이 될까? 엄마, 아빠의 잘못된 역할 모델을 익히는 것은 그렇다손 치더라도 아이는 불안한 정서를 갖게 된다. 언제 엄마 아빠가 헤어질지 모른다는 걱정, 그렇다면 자신은 어떻게 될까, 혹시 버려지지나 않을까, 버려지지 않기 위해서는 어떻게 해야 할까, 등 오만 가지 생각으로 아이는 마음의 상처를 떠안고 살아가게 된다. 이 와중에 아이의 자존감은 뒤로 제칠 수밖에 없는 현실이다.

가정이 화목하지 못하면 아이는 균형 있게 자랄 수 없다. 엄마 아빠가 행복하고 안정감 있는 가정을 꾸려야 아이도 행복하고 안정적인 정서를 유지할 수 있다. 한 부모가 아무리 아이에게 헌신한다 해도, 그 내면의 불안정이나 불행한 느낌은 아이에게 전달될 수 있기 때문이다. 가정의 화목은 부부 관계에서 나온다.

부부가 서로를 사랑하고 존중해야 가정이 평화롭고 화목하다. 이 가운데에서 아이는 부모와의 애착 형성, 정서적 안정을 기반으로 자존감을 키우게 된다. 혹시 우리 부부, 문제 있는 건 아닐까?

부모가 아이를 잘 키우고 싶다면, 부부 관계부터 점검해보아야 한다. 부모는 아이가 알아차리지 못하게 행동한다고 생각해도 부모의 불화는 아이가 얼마든지 눈치 챌 수 있다. 서로 자존심 대립 없이 부부가 솔직하고 다정하게 의견을 말하고, 상대방의 의사를 존중하며, 잘못된 점을 고치도록 배려하는 것만큼 좋은 양육법은 없다. 아이는 부모가 보이는 대인관계를 통해 학습하기 때문이다.

특히 부부간 대화는 부부 관계를 가늠하는 척도가 된다. 가정 경영 전문가에 따르면 부부 관계를 저해하는 대표적인 요소가 '말본새'라고 한다. 서로 주고받는 말 한마디가 자존심에 상처를 주고 크게 부부싸움을 하거나 심지어 이혼까지 치닫게 만든다.

상대의 자존감이 꺾이는 것은 당연하다. **부부의 대화 방식**을 떠올려보자. 그리고 나 자신과 아이의 자존감을 위해 바로잡는 계기로 삼아보자.

✱ ✱ ✱
지양해야 할 부부 대화 방식

1. 비난형

> "도대체 당신이 가장으로서 하는 일이 뭐야?"
>
> "언제 돈 한번 실컷 쓰게 만들어줬어?"
>
> "집에서 살림하고 애 키우는 게 뭐 그리 힘들다고!"

서로 기본 예의를 지키지 않는 가장 문제가 되는 대화 유형이다. 만약 부부간 대화의 상당수가 비난조의 말로 채워져 있다면 그 집은 매일 부부싸움으로 시끄러울 수밖에 없다. 비난형의 문제는 늘상 상대방의 잘못, 즉 배우자가 자존심 상해하는 부분을 지적한다는 데 있다. 자신의 존재가 남편, 혹은 아내에게 하잘것없는 것으로 여겨질 수 있기 때문에 자존감에 커다란 상처가 된다.

2. 비교형

> "옆집 ○○아빠는 이번에 부장으로 승진했대. 당신은 언제쯤 승진해?"
>
> "우리 어머니는 매일 아침 다른 국이나 찌개를 차려줬는데."
>
> "○○아빠처럼 주말에는 외식도 좀 하고, 애들이랑 공도 차요. 어째 늘상 피곤하대?"

늘 누군가와 비교하며 서로의 잘못을 지적하는 대화 유형이다. 누구나 나보다 더 우월한 사람과 비교당하는 것은 싫은 법이다. 자신의 자존심에 흠집을 내면서, 나보다 잘난 누군가를 배우자가 부러워하는 것은 나를 위축되게 만들기 충분하다. 남과 비교하는 말은 자존감 형성을 방해하는 가장 큰 원인이므로, 아이에게나 배우자에게나 모두 해서는 안 된다.

3. 직격탄형

> "그래서 그걸 잘했다고 말하는 거야?"
>
> "그게 아니라니까!"
>
> "당신이 늘 그렇지 뭐! 무얼 기대하겠어?"

단정적으로 결론지으며 상대의 잘못을 언급하는 유형이다. 어떤 상황에서든 결론은 '당신이 잘못했다' '당신이 못났다'이다. 이것은 배우자 어느 한쪽이 우월감을 가지고 상대방을 무시하기 때문에 일어난다. 만약 한쪽이 상대보다 논리적이고 똑똑하다고 생각한다면, 잘못을 지적하기보다 더 많은 이야기를 들어주고 좋은 방법을 제안하는 것이 현명하다.

4. 침묵형

이미 포기한 듯 의욕 없이 속내를 감추고 말을 안 하는 유형이다. 의외로 집에 돌아오면 말을 하지 않는 남편이 많다. 혹은 이미 가정불화로 부부간 대화가 뚝 끊어진 경우도 있다. 아무 말도 안 하는 것은 배우자에게 많은 오해를 불러 일으킬 수 있다. 말하고 싶지 않을 정도로 내가 싫은 건가, 라고 생각할지 모른다. 어느 한쪽이 속사정이나 걱정을 털어놓았을 때 그랬구나. 속상했겠네. 그러면 좋겠네, 하면서 맞장구쳐주는 것만으로도 위로가 될 수 있다는 사실을 기억하자.

5. 무관심형

> "그러든가."
>
> "당신이 알아서 해."
>
> "어."

이래도 응, 저래도 응 하며 매사 관심이 없고 무덤덤한 유형이다. 아내가 한참 이야기하며 이럴까 저럴까, 하고 묻는데 남편은 기껏해야 '알아서 하라' '알았다' '응' 하고만 대답한다. 아내는 자연히 남편의 애정이 식었거나 자신에게, 아이에게, 집안일에 관심이 없다고 느끼고 서운해한다. 처음에는 이 부분에 대해 불만을 토로해보지만 만약 상대가 변하지 않는다면, 아내 역시 더 이상 대화할 의욕을 갖지 못한다. 점점 부부 갈등의 골은 깊어지고, 비난형 못지않은 결과를 초래할지 모른다.

✳ ✳ ✳
부모의 자존감이 더욱 소중한 이유

 책의 마지막 장을 덮는 순간 여러분은 무엇을 생각하게 될까. 아이의 자존감은 행복한 인생을 결정짓는 중요한 열쇠이며, 자존감 높은 부모가 자존감 높은 아이로 키운다. 부모의 자존감이 아이에게 대물림되지 않도록 나의 자존감부터 점검해보는 계기가 필요하다……. 그런데 이 대목에서 갑자기 낙담하게 되는 부모는 없을까?

 8세 전후로 아이의 자존감이 거의 완성된다 하더라도 자존감은 충분히 바뀔수 있다. 이런 희망적인 메시지에도 부모를 안절부절못하게 만드는 건, 어린 시절 부모의 경험과 더불어 현재 행복을 느끼지 못하는 자신의 상황 탓이 클지도 모른다. 즉 부모 스스로의 자존감에 의구심을 갖고 있기 때문이다.

 하지만 자신의 자존감에 대해 평가절하하면 안 되는 것도 부모가 가져야 할 마음이다. 〈아이의 사생활〉 방송 직후 많은 부모들의 성원 속에서 우리는 〈아이의 사생활, 그 후〉라는 후속 프로그램을 준비, 방영했었다. 그중 '부모와 자녀 사이, 자존감의 대물림'을 보여주는 사례가 있었다.

제작진은 여러 실험을 통해 자존감이 높게 나왔던 한 아이에게 자기 자신을 어떻게 생각하는지 질문을 던져보았다. 아이는 이렇게 대답했다.

"부모님은 나를 믿고 사랑스러워하세요. 친구들은 나를 좀 '괜찮은 아이'라고 생각하는 것 같아요. 저도 그렇게 생각하고요."

이렇게 대답한 아이의 아버지는 자신의 과거를 회상하는 인터뷰에서 이런 경험을 털어놓았다. "부모님은 공부를 잘하고 못하고에 대해서 저한테 한 번도 말씀을 하신 적이 없었어요. 결과를 평가하며 탓하거나 억지로 가르치시려고 하지 않으셨지요"라고 답했다. 그리고 부모가 된 지금, 자신이 아이를 대하는 양육 태도에 대해서 이렇게 설명했다.

"아이가 관심 있어 하는 일은 뭐든 스스로 해보도록 합니다. 간혹 어른인 제가 할 일을 본인이 하려고 우길 때도 있어요. 그럴 때는 제재를 하고 싶은 마음이 들기도 하지만 아이가 하고 싶은 마음을 우선 알아주려고 합니다. 크게 잘못될 일이 아니라면 '그래 한번 해봐라'라고 말해주지요. 아이의 자존감을 높여주려고 특별히 한 일은 없어요. 그저 아이의 말을 많이 들어주고 스킨십을 자주 해주고, 사소한 것까지 칭찬을 해준 것이 전부입니다."

그저 부러워할 수밖에 없는 남의 집 이야기를 자신과 비교하며 지레 실망하지는 말자. 부모가 아이의 자존감을 소중히 여기는 마음만 있다면 충분히 따라잡을 수 있다.

우선 아이를 키우는 과정 자체를 즐거워하자. 부모가 자신과 함께 있는 시간을 즐거워하는 모습을 보면, 아이는 부모에게 충분히 사랑받고 있다고 느낀다. 그리고 그것은 '세상을 향한 무한한 신뢰' '세상의 모든 사람과 일에 대한 자신감'으로 발전하게 된다. 그것이 부모에게 이해받을 때 생겨나는 즐거움의 힘이다. 바로 나는 소중한 존재라는 믿음이 생기는 것이다. 아이는 '내가 정말 엄마 아빠한테 즐거움을 주는 참 괜찮은 아이구나'라고 생각하게 된다.

또 아이가 스스로 할 수 있는 기회를 많이 선사한다. 이것은 모든 부모들이 알고 있지만 생각보다 어려운 일이다. 쉬운 일부터 아이가 스스로 해낼 수 있는 기회, 성공의 기회를 만들어주기 위해 노력하면 아이의 자율성과 주도성을 인정하고 이를 키우는 데 긍정적인 효과를 발휘할 수 있다.

아이의 약점과 단점을 책망하기보다 아이와의 대화를 통해서 문제를 해결해보자. 가끔 부모는 아이가 자신의 기대와 다르다고 해서 실수나 잘못을 했을 때 꾸중을 하거나 체벌을 한다. 물론 경우에 따라 적절한 훈육은 필요하지만, 우선은 대화를 통해 왜, 어떻게 된 일인지부터 알아보자. 아이는 부모가 자신의 말에 귀 기울이고, 자신의 마음과 생각을 이해하기 위해 애쓰고 있음을 알게 된다. 그러면 아이 또한 부모가 하는 말에 귀 기울이고 부모의 진심을 이해하고자 노력한다.

아빠의 양육 참여도 중요하다. 보통 아빠가 양육에 참여한다고 하면, 아이와 엄마 간의 분쟁을 조정하거나 가장으로서 모든 결론을 귀결짓는 심판자로 생각하는 사람이 많다. 혹은 양육의 주도권을 쥔 엄마의 방식을 참견하는 정도나, 뒷짐지고 나 몰라라 하고 있다가 아이와 갈등이 있을 때 '엄마 탓'으로 돌리는 정도였다. 아빠와 엄마는 양육의 파트너로서 아이에게 일관된 원칙을 적용하며 서로 협력하고 상호 보완해야 한다.

아이가 크면 클수록 부모 노릇이 어렵다고 생각하는가? 그럴지도 모른다. 하지만 가장 이상적인 양육 원칙을 지키려고 아무리 노력해도 어떤 부모도 100% 완벽할 수는 없다. 부모 역시 매일 실수를 저지르는 평범한 인간일 뿐이다. 하지만 부모의 실수나 잘못이 아이에게 상처가 되지 않는 것은, 아이의 자존감이 탄탄하게 세워졌기 때문이다. 바로 '이해받고 사랑받는다는 즐거움'이 아이로 하여금 자기 부모를 의심치 않게 만드는 것이다.

자식을 키우는 것을 무엇보다 즐겁고 행복하게 생각하는 부모. 이런 부모 밑에서 자란 아이는 부모가 자신을 누구보다 사랑하고 있다는 것을 믿어 의심치 않기 때문에, 부모가 간혹 사소한 실수를 저지른다고 하더라도 그로 인해 자존감에 타격을 받지 않는다.

어찌 보면 단기간에 자존감을 높이는 비법 따위는 없을지 모른다. 자존감이란 몰아치기 애정 이벤트로 만들어지는 것이 아니기 때문이다.

아이에게 있어 부모의 존재는 자신의 가치를 비추는 거울이다. 아이는 자신이 어떤 사람인지 어른만큼 알지 못한다. 거울 속 모습을 보면서 자신이 어떤 사람인지 정의 내리게 된다. 만약 부모가 아이를 항상 짜증스럽게 대하고, 우울해하고, 귀찮아하고, 무서운 얼굴로 훈계만 하려고 든다면 아이는 자신이 다른 사람을 짜증 나게 하고 우울하게 만드는 쓸모없는 사람이라고 생각한다. 반대로 부모가 자신과 보내는 시간을 즐거워하며 항상 따뜻하고 행복한 미소를 짓고 있다면 자신은 다른 사람을 행복하게 만드는 꽤 괜찮은 사람이라고 생각한다. 지금 우리는 아이의 가치를 어떤 모습으로 비추고 있을까? 아이의 자존감을 어떻게 만들어주고 있을까?

아이가 사랑스럽다고? 아이와 보내는 시간이 즐겁다고? 아이만 보면 절로 웃음이 난다고? 그렇다면 이미 부모로서의 자존감의 기초는 충분하며, 앞으로 아이와 더불어 더 큰 웃음과 행복을 만끽하게 될 것이다.

… ⁂ …

양육 방식으로 본 여섯 가지 부모 유형

1. 수용형 부모

아이에게 따뜻하고 자상한 태도로 일관하며 아이와 정서적으로 밀착된 관계를 유지하고 있다. 아이를 인격적으로 대하고자 노력하며 아이의 생각이나 하는 일 등에 깊은 관심을 갖고 있고 표현할 줄 안다.

> "친구들과 축구하느라 늦었구나. 다음에는 우리가 걱정하지 않게 미리 말해주렴."

2. 익애형 부모

사랑이라는 이름으로 아이를 과잉보호하는 부모가 많은데 이 경우 익애형 부모라 할 수 있다. 아이에게 지나친 관심과 애정을 갖고 있어 아이의 연령이나 능력에 상관없이 항상 보호하고 시중을 들어준다. 아이가 자신의 일을 스스로 할 기회마저 빼앗게 된다.

> "축구하다 다치면 어쩌려고 그래? 이리 와, 씻겨줄게."

3. 허용형 부모

이가 원하면 모두 충족시켜주려 하고, 아이가 무엇을 하든지 내버려두는 유형이다. 익애형 부모와 비슷하다.

> "이제 오니? 늦었구나."

4. 거부형 부모

아이에게 무관심하거나 오히려 적대적인 반응을 보이는 경우이다. 아이를 너무 '오냐오냐' 키우면 버릇없고 능력 없는 사람으로 자랄 것이라 염려해, 아이에 대한 애정을 억누르고 아이가 하는 일에도 무관심한 태도를 보인다.

> "축구하지 말라고 했지? 그딴 것 해서 뭣하게?"

5. 지배형 부모

부모가 마치 아이의 지배자가 되어 엄격하게 통제하고 이것을 아이를 위한 것이라고 여긴다. 권위적인 아빠에게서 흔히 볼 수 있는 모습으로, 아이와의 관계에서 부모의 권위를 찾으려고 한다.

> "앞으로 축구는 일주일에 한 번만 하고, 아무리 늦어도 4시까지는 집에 오도록 해."

6. 과잉기대형 부모

부모 자신이 어렸을 때 이루지 못한 것들을 내 아이가 대신 해줄 것이라고 믿고 기대하는 유형이다. 부모의 기대치 때문에 아이 능력에 미치지 못하는 수준의 것들을 요구하기도 하고 닦달하기도 한다.

> "엄마는 네가 축구하면서 먼지 뒤집어쓰고 넘어지다 다치는 꼴 보기 싫다. 운동을 하고 싶다면 수영을 배우는 게 좋겠어."

〈부모교육〉 유효순, 이원영 공저 참조

자존감이 높은 부모와 낮은 부모의 차이

· **자존감이 낮은 부모의 특징**

- · 다른 사람들과 의사소통이 순탄치 못하다.
- · 사랑받기만을 원하고 자신을 남들에게 과시한다.
- · 자신이 아무거나 다 잘한다고 생각한다.
- · 타인을 힐난하면서 죄책감을 갖게 하려고 한다.
- · 문제가 발생했을 때 자신과 별개라고 생각한다.
- · 자신의 현실에 대해 늘 부정적인 생각만 한다.
- · 틀에 박힌 생각과 의무와 규칙에 얽매여 있다.
- · 모든 것에 대해서 비판적이다.
- · 외형적인 것으로 인간과 사물을 판단한다.
- · 타인에게 항상 방어적인 태도를 취한다.
- · 자신의 감정을 늘 억압한다.

- 안전하고 익숙한 것만을 선택한다.
- 과거에 매달려 있거나 현실에 안주하려 한다.

· **자존감이 높은 부모의 특징**

- 숙련되고 열린 의사소통이 가능하다.
- 자신을 사랑하고 다른 사람의 사랑을 자연스럽게 받아들인다.
- 자신에게 맞는 적절한 것을 선택한다.
- 타인과 자신의 차이점을 존중한다.
- 문제가 발생했을 때 남과 나를 포용하면서 긍정적으로 해결한다.
- 자신의 현재 상황을 있는 그대로 받아들인다.
- 여러 가지 가능한 대안을 늘 생각한다.
- 열린 자세로 자신의 선택에 책임을 진다.
- 자신과 남을 수용하는 자세로 성찰한다.
- 타인에게 신뢰와 정직으로 성실하게 대한다.
- 개개인의 감정, 성실함, 인간성에 대해 수용적인 자세를 갖는다.
- 새로운 것을 시도하며 모험을 즐긴다.
- 현재에 대해 긍정적이며 미래지향적 사고를 한다.

부모와 아이의 자존감을
모두 지키는 양육법

자존감, 즉 자신에 대해 긍정성을 갖는 데에는 부모가 아이를 어떤 존재로 대하느냐가 크게 좌우한다. **부모 입장에서 내 아이를 어떻게 바라보고 있는가 생각해보자.** 혹시 엄친딸, 엄친아 같은 아이를 상상 속에서 키우며, 현실의 내 아이와 비교하고 있지는 않은지. 내가 그런 아이를 키워내지 못한다고 생각하고 스스로 부정적인 생각에 사로 잡혀 있지는 않은지.

내 아이의 존재 그 자체만으로도 사랑하자. 그것이 가족의 긍정성을 높인다.

〈가족의 자존감을 위해 잊지 말아야 할 것〉
- 부모가 상상으로 만든 완벽한 아이에 대한 꿈은 버린다.
- 내 아이와 다른 아이의 차이를 알고 절대 비교하지 않는다.
- 내 아이를 있는 그대로 인정하며, 따뜻하고 다정한 어조로 대화한다.

- 아이가 자신의 감정과 욕구를 솔직하게 표현하도록 도와준다.
- 아이는 독립적인 인격체이다. 스스로 할 수 있는 일을 찾아준다.
- 내 아이의 장점, 재능, 특기, 기질을 항상 염두에 둔다.
- 무조건 1등을 목표로 하라고 하기보다, 현실적인 목표를 정해준다.
- 아이가 잘못했을 때에는, 잘못 그 자체에 대해서만 꾸중한다.
- 아이가 학교생활, 또래 관계 등에서 만날 수 있는 문제에 관심을 갖고 아이가 문제를 잘 극복할 수 있도록 도와준다.

> 사례
부모와의 관계가 서먹한 아이

이소진 씨는 직장에서는 능력 있는 커리어우먼으로, 가족들에게는 회사 다니며 집안일과 육아도 완벽하게 해내는 슈퍼워킹맘으로 인정받고 있다. 야근하는 날이 많아 퇴근 후 밀린 집안일을 하다보면 눈 깜짝할 새 밤 12시가 되기 일쑤. 그런 그녀가 여섯 살 난 딸 세빈이를 챙기는 방법은 설거지나 빨래, 청소를 하면서 딸과 대화하는 것이다. 유치원에서 있었던 일이나 낮에 도우미 이모와 뭘 하고 놀았는지 구체적으로 묻고 아이의 대답에 맞장구치며 스스로 만족하던 엄마. 하지만 얼마 전부터 세빈이의 변화가 자꾸 신경이 쓰인다. 모처럼 시간이 나서 놀아주려고 해도 엄마의 얼굴을 보지 않는 것이다. 심지어 야단을 칠 때 "엄마 눈 봐봐" 하며 아이를 잡아도 세빈이는 엄마의 눈을 자꾸 피하려고만 한다.

통계에 따르면 부모가 하루 중 아이와 대화를 나누는 시간은 평균 40분 정도이다. 그나마 이 40분 중 대부분은 "밥 먹었니?"

"숙제는 다 했어?" 같은 일상생활을 위한 대화라고 한다. 직장일로 바쁜 엄마라면 그나마도 하지 못하는 경우가 많다.

하지만 **많은 시간을 아이와 함께하지 못한다고 미안해하거나 아이와 대화도 못하는 엄마라고 자책할 필요는 없다. 아이와 함께하는 시간은 양보다는 질이 중요하기 때문이다.** 특히 대화는 쓸모없는 이야기나 잔소리로 오래 시간을 보내는 것보다 집중과 교감이라는 질이 더 중요하다. 워킹맘인 세빈 엄마는 아이와 대화의 중요성을 잘 알고 있다. 하지만 대화의 방법, 양보다는 질이 중요하다는 것은 잘 모르는 경우이다. 우선 아이와 대화할 때의 행동이다. 설거지나 빨래 등 집안일을 하면서는 아이와 온전한 의사소통을 할 수 없다. 아이와 눈을 맞출 수 없기 때문에 아이의 마음을 이해하지 못하고 아이가 하는 말 속에 숨어 있는 속뜻을 절대 알아차릴 수 없다. 부모가 자신을 바라보지 않고 얘기하면 아이는 아무리 대답을 잘하고 추임새를 넣어도 부모가 자신의 말을 잘 듣고 있다고 느끼지 않는다. 또 자신이 존중받지 못한다고 생각해 부모와 대화하고 싶은 마음이 달아난다. 부모가 꾸중을 하면 자신을 사랑하지 않아서 비난하는 것이라 여겨 좌절하게 된다. 아이가 부모와 대화하거나 야단맞을 때 엄마를 쳐다보지 않는 것은 이 때문이다.

이런 아이는 자신이 말할 때뿐만 아니라 부모가 말할 때에도 부모를 쳐다보지 않는다. 한마디로 대화할 때는 서로 쳐다보지 않아도 된다고 여기는 것이다. 이렇게 습관이 들면 아이가 다른 사람의 마음을 이해하는 공감 능력이 떨어지는 것은 당연한 일이다.

직장 일하랴 집안 일하랴 바쁘더라도 아이와 대화할 때에는 꼭 얼굴을 마주하고 대화에만 집중하자. 집안일할 시간이 없다면 짧은 대화 시간만이라도 그 시간만큼은 온전히 아이에게만 집중하는 것이 좋다. 다른 일을 하며 30분간 이야기를 나누는 것보다 단 10분이라도 집중해서 대화하는 것이 더 효과적인 의사소통이다.

세빈 엄마는 아이와 이야기를 나눌 때 일방적으로 지시하거나 자기 말만 하지는 않았는지 생각해봐야 한다.

"오늘 유치원에서 뭐 했어?"

"응, 나뭇잎 따서 그림 그렸는데 선생님이 잘했다고 칭찬했어."

"그래? 네가 제일 잘했어? 더 잘한 아이는 없고?"

"오늘 점심은 뭐 먹었어?"

"깍두기랑 시금치랑, 달걀말이 나왔는데 시금치는 맛이 없었어."

"그래서 남겼니? 편식하면 못써. 시금치가 얼마나 몸에 좋은데."

이런 식의 대화가 이어지면 아이는 부모가 자신을 이해하고 있다거나 자신의 생활이 궁금해서 질문한다기보다 잔소리하기 위해 물어본다고 느낄 수 있다.

일하는 엄마나 아이의 생활을 잘 모르는 아빠가 아이와 대화를 오래 지속할 수 없는 이유가 또 있다. 어른의 눈높이에서 질문하기 때문이다. **아이의 말을 이끌어내려면 "오늘 뭐 했어?"가 아니라 "오늘은 어떤 그림책 읽었어?"처럼 구체적으로 질문하는 것이 좋다.** 모처럼만에 시간을 내어 아이와 대화 좀 나눠볼까 했는데, 아이가 좀처럼 말을 하지 않는다면 질문하는 방식을 바꿔보자. "요즘 학교에서 무슨 문제 있니?"처럼 추상적으로 물어보면 아이는 "아니" 외에는 딱히 대답할 말이 없다. 마찬가지로 이런 아이의 대답에는 "그래, 잘해야지" 하는 잔소리밖에 떠오르지 않는다.

사례

모든 일에 소극적이고 양보만 하는 아이

집에 있을 때는 누구보다 활동적인 네 살 은찬이. 가족이나 자주 만나는 친척들과 있을 때는 쉴 새 없이 노래 부르고 춤추며 식구들의 귀여움을 독차지하고, 때로는 두 형들을 때리면서까지 자기 과자를 사수하는 아이지만, 집 밖에만 나가면 지나치게 얌전해진다. 낮에 소아청소년과에서도 순서를 기다리다 유아놀이방에 데리고 갔더니, 많은 아이들 틈에서 한 번도 미끄럼틀을 타지 못하고 서성이기만 한다. 줄을 서지 않고 막무가내로 올라가는 아이들에 밀려 자기 차례를 찾지 못하던 은찬이는 결국 주양육자의 손을 끌고 가려 한다. "봐, 다른 아이들은 다 혼자 타잖아. 줄 서 있다 타면 돼. 가!" 하고 뿌리친 다음 순간, 결국 먼저 타려는 아이에게 밀려 넘어진다. 서럽게 우는 은찬을 주양육자가 조용히 달랜다. "괜찮아. 안 아파. 우는 거 아니야. 뚝!"

은찬이 같은 아이를 두고 부모들은 흔히 순한 아이, 얌전한 아이, 착한 아이라고 착각한다. 아이가 소위 말하듯 순하면 부모는 편하다. 내버려두어도 사고칠 일이 없고 동생이나 친구와 싸우지도 않으니 속 썩을 일도 없다. 하지만 절대 싸우지 않고 무조건 양보만 한다고 해서 다 착한 아이일까. 오히려 이런 아이는 자존감이 낮은 아이일 수 있다. 특히 아직 유아기인데도 그렇다면 더더욱 부모의 평소 양육 태도를 돌아볼 필요가 있다.

유아들은 자기중심적이어서 누구나 다른 사람이 자기 것을 빼앗아가는 것을 싫어하고, 자기가 하려는 일이나 자기만의 영역을 방해받으면 화가 난다. 이 화를 표현하는 방식은 아이마다 다르다. 아이가 지나치게 공격적으로 반응해서도 안 되지만, 부당한데도 가만히 참기만 해서도 문제가 있다고 볼 수 있다. 부당한 상황에서도 반응하지 않는 것은 자신이 나서봐야 아무것도 할 수 없다고 지레 포기하기 때문이다. 이런 아이를 내버려두면 아이는 무슨 일이든 적극적으로 대처하기보다 쉽게 포기하는, 자존감이 낮은 아이로 자랄 가능성이 높다.

이 경우 부모는 평소 아이에게 도덕적인 면을 지나치게 강요하지 않았는지 생각해봐야 한다. "사람 많은 곳에서는 얌전히 있어야 해" "다른 사람에게 양보할 줄 알아야 착한 아이지" "친구를 때리거나 친구랑 싸우면 못써" 같은 말로 아이가 착해지기를 강요했다면 아이는 늘 행동하기에 앞서 '다른 사람에게 피해를 주지는 않을까' '부모님이 실망하면 어쩌지' 하고 주저하게 된다. 은찬이가 또래가 많은 놀이방에서 미끄럼틀을 타지 못하고 주저한 것도 이 때문일 가능성이 크다. 양보해야 착한 아이라고 했으니 순서를 무시하고 새치기를 하는 아이를 봐도 잠자코 있고, 친구와 싸우지 말라고 했으니 자신을 밀친 아이에게 화가 나도 참은 것이다.

좀처럼 자기 차례를 찾지 못하던 은찬이는 결국 주양육자에게 도움을 요청한다. 하지만 이때 주양육자의 반응은 은찬이를 더욱 주눅 들게 만든다. "다른 아이들은 다 혼자 타잖아" 하며 비교하는 것, 도움을 청하는 아이의 손을 "가!" 하고 뿌리친 것은 은찬에게 좌절감을 안겨줬을지 모른다. '내 차례라고 우길 수도 없고 부모님도 도와주지 않는데 어떻게 하지?' 아마 은찬이는 그 순간 자신이 어떻게 행동해야 할지 몰라 막막했을 것이다.

이때 주양육자는 "다른 아이에게 밀리지 말고, 너도 새치기라도 해서 타" 하고 아이를 부추기거나 "집에서는 그렇게 나대면서 밖에만 나오면 왜 이러니? 너도 저 아이들처럼 적극적으로 하면 되잖아" 하고 윽박질러선 안 된다. 일단 "친구들이 정말 많네. 네 차례에 다른 친구가 먼저 타서 속상하겠구나" 하고 아이 마음을 달래준 뒤, 차례를 지키지 않은 친구에게 어떻게 말해야 하는지 해결책을 제시한다.

"그 친구가 너무 타고 싶었나보다. 하지만 지나치게 양보만 하면 네가 탈 수 없잖니. 이럴 땐 친구에게 사람이 많으니 줄을 서서 타자고 말하면 되는 거야."

친구에게 떠밀려 넘어졌을 때 "괜찮아" "뚝 그쳐"라고 말하는 것도 아이에게 '안 우는 아이가 씩씩한 아이'라는 것을 은연중에 강요하는 것이다. 아이에게는 우는 감정이 잘못된 것이라고 비난하는 것처럼 느껴진다. 이때 역시 "친구가 밀어서 정말 속상하지? 많이 아프겠구나" 하고 공감해주어야 한다. 그런 다음 "친구가 밀거나 때리면 네가 얼마나 아프고 속상한지 말해줘. 그러지 말고 사이좋게 함께 타자고 말하면 친구가 미안하다고, 같이 놀자고 할 거야" 하고 방법을 알려준다.

> **사례**
>
> ## 동생 본 후로 어리광이 심해진 아이

동생이 생긴 이후로 부쩍 어리광이 늘어난 서은이가 오늘도 한바탕 소동을 벌였다. 자기도 동생 따라 젖병에 우유를 먹겠다며 떼를 쓰기에 처음엔 살살 달래며 타일렀다. "아기만 여기에 먹고 누나는 컵에 먹는 거야. 요구르트도 줄게" 해도 서은이의 떼쓰기가 멈추지 않자 엄마는 결국 "다섯 살짜리가 누가 젖병에 먹어? 엄마 말 안 들으면 생각하는 의자에 갈 거야" 하고는 벌을 주기로 결심했다. 서은이 나이에 맞는 벌이라 생각해 종종 '생각하는 의자'를 활용하곤 하지만, TV에서와는 달리 별 소용이 없는 것 같다. 5분 후에 가봤더니, 서은이가 눈물을 뚝뚝 흘리며 앉아 있는 게 아닌가. 달래주려고 장난도 걸어보고 좋아하는 간식으로 유혹해도 서은이는 엄마 말에 대꾸는커녕 엄마를 쳐다보지도 않는다.

생각하는 의자는 아이에게 스스로의 행동을 돌아보고 반성할 기회를 준다는 점에서 좋은 훈육 도구임에 틀림없다. 하지만 아무 상황에서나 생각하는 의자를 활용한다고 효과를 보는 것은 아니며, 또 같은 상황이라도 어떻게 활용하느냐에 따라 효과가 달라진다.

서은이의 경우 우선 떼 쓸 때 엄마의 반응부터 점검해볼 필요가 있다. 엄마는 처음엔 살살 달래며 타일렀다고 했다. 하지만 "누나는 컵에 먹는 거야"처럼 누나니까, 형이니까 이렇게 해야 한다고 말하는 것은 바람직한 대화법이 아니다.

아이가 원하는 것이 무엇이든 간에 이제 컸으니 이렇게 해야 한다고 은근히 강요하는 것이기 때문이다. 엄마의 이런 말투에 아이는 그렇게 하지 못하는 자신이 무능력하다고 여길 것이다.

이렇게 서은이를 달래다 엄마는 결국 아이를 비난하고 협박까지 하고 말았다. 아이의 떼쓰기가 멈추지 않을 때 계속 떼를 쓰면 부모가 벌을 주겠다고 미리 알려주는 것은 바람직한 방법이긴 하다.

하지만 이 경우 처음엔 "요구르트 줄게" 하며 보상을 제안하다 갑자기 "다섯 살이 누가 젖병에 먹어?" 하고 화를 낸 것, 즉 일관적이지 못한 태도를 보인 것이 문제이다. 일관적이지 못한 태도를 보면 아이는 '엄마는 안 된다고 하다가도 울면 다 받아준다'고 생각하거나 '엄마는 나를 사랑하지 않아. 그래서 갑자기 화를 내는 거야'라고 여기게 된다. 아이가 이렇게 받아들이고 있으니

생각하는 의자가 먹히지 않는 것이다.

 엄마의 태도에 좌절을 느낀 아이가 울자 엄마는 장난을 걸고 좋아하는 간식으로 유혹하며 아이를 달랜다. 하지만 그 순간 아이에게 가장 필요한 것은 부모가 여전히 자신을 사랑하고 있다는 사실을 확인하는 것이다. 아이를 꾸짖을 때는 화를 내지 않고 일관적인 태도를 유지하는 것도 중요하지만 마무리가 가장 중요하다.

 반성할 시간을 준 후에는 반드시 아이를 다독거려야 한다. 아이를 꾸짖는 이유는 아이가 잘못을 반성한 이후 스스로 현명한 선택을 할 수 있도록 돕기 위해서이다. 꾸짖음의 마무리 단계에서는 반드시 포옹이든 말이든 네 행동은 잘못됐지만 엄마는 여전히 너를 사랑해라는 메시지를 전해 아이의 자존감을 지켜줘야 한다. 젖병에 우유를 먹겠다고 떼를 쓰는 서은에게는 이렇게 해보자.

 "동생이 젖병에 먹으니까, 너도 젖병에 먹고 싶구나. 엄마도 가끔 그러고 싶을 때가 있어. 하지만 이 젖병은 동생 것이라 네가 빨아도 잘 나오지 않을 거야. 네 젖병은 예전에 다 버렸고."

 "그래도 젖병에 먹을 거야."

 "네가 이렇게 떼를 쓰니 나는 속상해. 네가 컵에 먹었으면 좋겠어. 컵에 먹는 것도 아주 맛있단다."

"싫어! 싫어!"

"자꾸 떼를 쓰면, 생각하는 의자에 갈 거야."

아이의 떼가 계속되어 실제 생각하는 의자를 활용한 후라면 이렇게 마무리한다.

"너에게 벌을 주어 속상해. 하지만 내가 화가 나서 그런 게 아니야. 괜한 떼를 쓴 건 옳지 못했지만, 엄마는 널 사랑한단다."

"나는 무엇이든지 할 수 있다.
나는 이 세상에 두려울 게 없다."

"이 세상에서
나 혼자가
아니다."

아이의 자존감

초판 1쇄 인쇄일 2025년 5월 28일
초판 1쇄 발행일 2025년 6월 10일

지은이 정지은, 김민태
발행인 조윤성

편집 구민준 **디자인** 최희영 **마케팅** 김진규
발행처 ㈜SIGONGSA **주소** 서울시 성동구 광나루로 172 린하우스 4층(우편번호 04791)
대표전화 02-3486-6877 **팩스(주문)** 02-598-4245
홈페이지 www.sigongsa.com / www.sigongjunior.com

글 ⓒ 정지은, 김민태, 2025

이 책의 출판권은 ㈜SIGONGSA에 있습니다. 저작권법에 의해
한국 내에서 보호받는 저작물이므로 무단 전재와 무단 복제를 금합니다.

ISBN 979-11-7125-829-1 (13370)

*SIGONGSA는 시공간을 넘는 무한한 콘텐츠 세상을 만듭니다.
*SIGONGSA는 더 나은 내일을 함께 만들 여러분의 소중한 의견을 기다립니다.
*잘못 만들어진 책은 구입하신 곳에서 바꾸어드립니다.

┌─ **WEPUB 원스톱 출판 투고 플랫폼 '위펍'** _wepub.kr ─┐
위펍은 다양한 콘텐츠 발굴과 확장의 기회를 높여주는
SIGONGSA의 출판IP 투고·매칭 플랫폼입니다.